네가 없었으면 어쩔 뻔했어

네가 없었으면 어쩔 뻔했어

초판 1쇄 발행 2023년 12월 1일

지은이 이누아 이정화 송산호 엄서영 최영화 오혜지
펴낸이 박은정

편집 김유진, 노준승

펴낸곳 어셈블
출판등록 2017년 10월 27일 제25100-2017-000087호
주소 서울특별시 중구 을지로 120 3층. 어써클럽
전화 070-4169-8880
이메일 assemble2018@naver.com

ISBN 979-11-978708-4-2 03810

· 어셈블은 출판전문가그룹 '퍼블루션'의 출판브랜드이자, 출간작가모임 '어써클럽'의 작가와 함께하는 출판사입니다.

· 이 책은 저작권법에 따라 보호받는 저작물이므로 무단 전재와 무단 복제를 금하며, 이 책 내용의 전부 또는 일부를 이용하려면 반드시 저작권자와 어셈블의 서면 동의를 받아야 합니다.

삶을 온전히 나에게 맡긴 우리 집 반려동물 이야기

네가 없었으면 어쩔 뻔했어

이누아 이정화 송산호 엄서영 최영화 오혜지

어셈블

여는 말

반려동물을 쓰다듬다가
코끝이 찡해진 당신에게

    어느 힘든 날 동그란 발바닥의 꼬순내를 맡습니다. 부드럽고 폭신한 털을 쓰다듬어 봅니다. 말 없는 위로가 마음에 닿습니다.

    반려동물을 입양한다고 바로 가족이 되지는 않았습니다. 반려동물을 데려오면 자연스럽게 나를 좋아할 줄 알았는데, 속상하기도 했습니다.

    그러나 서툴게 다가가는 나의 마음을 어떻게 알았는지,

반려 아이들은 먼저 다가와 몸을 맞대어 갑작스러운 감동을 선사합니다.

반려동물에게 기댈 어깨가 되고 싶었는데, 알고 보면 반려인이 기대고 있습니다. 가족 사이가 어색할 때는 징검다리가 되어 주고, 누군가 떠난 빈자리를 채워 주고. 없었으면 어쩔 뻔했을까요. 저 아이가 없었으면.

이런 마음이 들 때 반려인이 입버릇처럼 하는 말이 있습니다. "네가 없었으면 어쩔 뻔했어."

여섯 작가가 반려동물과 함께하며 겪은 고충과 기쁨을 한데 모았습니다. 사람과 동물이 진정한 가족이 된 따뜻한 이야기를 독자 여러분과 나눕니다.

목차

다 때려치우고 그냥 우리 개 발 냄새나 맡고 싶어 009
· 이누아

달걀죽과 소고기죽 051
· 이정화

이 마음이 엄마 마음이라면 085
· 송산호

7월 24일생 133
· 엄서영

너와 함께라면 늘 5월이야 181
· 최영화

자매의 별 225
· 오혜지

다 때려치우고
그냥 우리 개 발 냄새나 맡고 싶어

이누아 작가

100마리 개, 고양이를 키우고
1000마리 개를 가르치는 학교를 운영하며
그 즐거운 순간들을 글로 나누고 있다.
저서 〈내일 당장 성공하는 셀프 훈련법(전자책)〉

귀신 나오는 밤

"딩고야! 이리 와. 엄마 무서워!"

 셌다. 이번에 작가님이 칼을 갈았나 보다. 여름 특집 공포물 드라마를 보다가 오줌을 지릴 뻔했다. 머리를 풀어 헤친 악령이 여주인공의 몸에 들어간 뒤, 거울 속 악령이 보인다는 설정이었다. 무서웠다. 우리 집에도 곳곳에 거울이 있지 않은가.

'나도 보이는 거 아니야…?'

말도 안 되는 걱정을 하다 보니 드라마가 끝나고 샤워할 시간이 됐다. 속옷을 챙기며 심란해졌다. 우리 집 욕실에는 벽을 하나 가득 채운 거울이 있다. 악귀 소굴이 되기 딱 좋았다. 그래도 나는 어른이니까 혼자 빨리 씻어보리라.

스스로 용기를 불어넣어 봤지만, 자신이 없었다. 몸을 씻는 동안은 그래도 어떻게 해 보겠지만, 세수하는 동안 눈을 감았다 떴는데 거울에 귀신이 보이면 어떻게 한단 말인가.

좋은 작전이 생각났다. 욕실에 개를 앉혀놓고 샤워해야지. 누렁이 출동이다.

"딩고야. 엄마가 부르잖아요, 빨리 와요."

내가 아쉬운 쪽이라 애교를 조금 섞어 다정하게 개를 불렀다.

"……."

무반응이다.

"딩고야? 우리 개 착하지요?"

이번엔 반응했다.

돌아누웠다. 욕실 쪽을 향했던 몸을 등져 눕더니 일부러 고개를 뒷다리 사이에 파묻었다.

귀찮다 소리군. 개도 귀찮아한다. 늙은 개는 더 그렇다.

"뼈다귀 먹자. 이리 와요."

뼈라는 소리에 반짝 고개를 들었지만, 의심의 눈초리가 가득했다. 직업이 강아지 훈련사인 엄마라 제법 엄격한 규칙에 따라 양육하는 편이다. 호랑이 엄마가 난데없이 한밤중에 간식을 주는 경우는 거의 없다는 걸 딩고는 알고 있었다. 말똥말똥한 눈으로 소파에서 욕실의 불빛을 쳐다볼 뿐 꼬임에 넘어오지 않았다.

특단의 조치가 필요했다. 강아지 학교 선생이라 뭐 대단한 게 있나 싶겠지만, 그냥 강제로 안고 욕실에 개를 들여놓았다.

"개의 눈높이로 대화해 주세요."

"강아지 마음이 내킬 때까지 기다려 주세요."

잘난 척 떠들어도 집에선 나도 그냥 개 키우는 사람이다. 그것도 겁이 많은. 누가 나를 사이비라 비난해도 좋다. '아, 거울에서 귀신이 나온다는데 혼자서는 씻을 수 없어요. 호호호!'

억지로 개를 앉혀놨으니 나도 양심은 있어서 최대한 빨리 샤워했다. 급하게 하느라 가끔 샤워기의 물이 튈 때면 딩고는 푸르르, 싫은 듯 머리를 털며 최대한 물이 안 닿게 문 쪽에 바짝 붙어 앉았다. 얼굴을 보니 딩고는 좀 당황하고 있었다. 눈을 연신 깜빡거리며, 혀를 날름거렸다. 개는 당황하면 그런다.

소파에서 잘 자던 걸 난데없이 축축한 욕실에 데려다 놓으니 당황스럽기도 하겠지. 그 모습이 미안하기도 하고, 귀엽기도 해서 씻는 내내 거울 속으로 '흘끔흘끔' 개를 훔쳐봤다. 영리한 딩고는 거울 속의 나와 눈을 맞출 줄 알아서 그때마다 마주치는 개의 눈빛은 이렇게 말하고 있었다.

'기다려 줄게요.'

고단할 땐 개로마테라피

타고난 성격인지, 자라난 환경인지 이유는 모르겠지만 어릴 때부터 나는 사람보다 강아지와 놀고 말하는 게 더 편하고 재미있었다. 친구들이 상대방 반응을 떠보려고 슬쩍 거짓말을 하거나, 좋으면서 싫은 척 짐짓 속마음을 감추면 나는 그걸 잘 알아차리지 못했다. 아직도 그런 편이다.

"언제 밥 한번 먹어."

한국인이 제일 많이 한다는 거짓말. 꽤 오랫동안 나는 저 말을 듣고 사람들이 그냥 건네는 의례적인 인사말인 걸 몰랐다. 그래서 날짜를 두세 개 정해 이날 혹은 저 날이 어떤지 되물으면, 방금까지 매일 한가롭다고 하던 상대는 고르는 날마다 일이 있어 바쁘다고 해서 좀 의아한 기분이 들었다. 사실 나도 그 상대와 꼭 밥을 먹고 할 말이 있지는 않았다. 하지만 내뱉은 말은 지켜야 하는 줄 알고 약속을 잡아야 속이 시원해서 숙제를 해치우듯 물은 것인데, 해결이 나지 않은 기분이라 종종 뒤끝이 찜찜했었다. 한참 뒤에야, 반복되는 패턴으로 그게 그냥 하는 인사말이라는 걸 알았으니, 남들은 꽤 눈치 없다고 생각했을 것이다.

반면, 개의 말은 이상하리만치 잘 알아듣는다.

똑같이 '끙끙'대는 소리를 내도 목이 마르다는 건지, 집 밖에 나가고 싶다는 건지, 안아달라는 건지 대개는 맞추는 편이다. 어떻게 개의 마음을 기가 막히게 맞추냐며 남들이 용한 점쟁이 보듯 묻곤 하는데, 나도 내가 어떻게 알아챘는지 정확히 설명할 수가 없다. 그냥 개 위에 만화의 말풍선처럼 말이 떠오른다. 아마도 개의 몸짓 언어라는 그 유명한 '카밍시그널'로 알아듣는 거일 수도 있겠지.

개들이 감정 표현을 할 때, 등을 굽히는 모양이나 꼬리를 흔드는 방향, 눈동자를 보면 조금씩 다르다. 나는 그게 보인다. 그런데 그게 그 뜻인지 어떻게 아냐고 묻는다면 정확한 건 나도 모른다. 그냥 어릴 때부터 늘 개와 함께 자라면서 많은 개와 살아서 느낌으로 알게 되었다고 짐작한다.

이렇게 개와 친하다 보니 나는 살다가 힘든 일이 생기면 주로 개를 찾는다. 같이 있으면 마음이 편하다. 어린 시절부터 쭉 그랬다. 초등학생 때부터, 엄마가 돈을 벌러 나가서 밤늦도록 집에 없을 때도, 천둥과 번개가 쳐서 무서웠을 때도 내가 찾은 품은 우리 집 발바리였다.

"우르릉! 꽝!"

하늘에서 벌이라도 내리려는 듯, 천둥소리가 모든 인간에게 겁을 주는 날에는 죄지은 것 없이 누구나 본능적으로 두렵지 않은가. 그때 개를 안고 있으면 나도 모르게 안심이 됐다. 우리 개는 5kg도 안 되는 자그마한 체구였지만 북슬북슬한 그 개의 목털에 얼굴을 파묻고, 폭신폭신한 개 발을 조몰락거리며 '쿰쿰내'를 맡으면 일곱 살의 나는 부모가 없어도 스르르 마음 편히 잠이 들 수 있었고, 그때마다 그 개는 넉넉하게 품을 내주었다.

그 안락한 기억은 어른이 돼서도 잊히지 않아 다 자란 지금도 지끈지끈 머리 아픈 일이 생기면 개를 만지고 싶다. 회사에서 선배가 이유 없이 나를 콕 꼬집어 모멸감을 줄 때, 며칠 밤을 꼬박 새워 만든 기획안에 대안은 안 주면서 무조건 아니라고 할 때, 아무 생각 없이 내뱉은 말실수 하나로 관계가 어그러져 다음날 그 사람 얼굴을 보느니 회사를 그만두고 도망치고 싶은 생각이 들 때, 나는 그저 딱 한 가지 생각만 떠오른다.

'아, 다 때려치우고 집에 가서 개 발바닥 냄새나 맡았으면······.'

반려견 보호자라면 모두 공감할 개 발 냄새, '꼬순내'. 나는 이걸 어릴 때부터 '개로마테라피'라고 부르며 즐겼다. 참 이상도 하지, 왜 인간은 개 발의 쿰쿰한 냄새를 맡으면 마음이 안정되는 걸까. 여태껏 이상해 보일까 봐 어디 가서 개 발 냄새가 좋다는 얘기를 평생 숨기고 살았는데, 개를 키우는 전 인류가 그렇다는 걸 알고 나서 어찌나 안심되고 반가웠던지.

개를 품에 안을 때 냄새 말고 안심이 되는 점은 여러 가지가 있다.

인간 체온보다 살짝 높아, 닿으면 늘 따뜻한 개들의 온기.

얼굴을 비비고 누우면 볼을 훑고 간질이는 부드러운 개털. 개들이 안심하고 자기 시작할 때 '후'하는 한숨으로 시작했다가 '쌕쌕'으로 바뀌는 낮고 고른 숨소리까지.

어느 것 하나 심신 치료에 도움이 안 되는 것이 없다. 그래서 나는 늘 사는 게 고단하면 개들에게로 도망친다.

루저, 떠돌이 개를 만나다

요즘 제일 애용하는 나의 피신처는 '딩고'다.

딩고는 동물 구조센터에서 구출한 안타까운 사연의 들개였다. 그 애를 처음 만났던 시절, 나 역시 불쌍하기는 마찬가지였는데, 세상의 무정함에 밀려 변방으로 밀려난 도망자 신세였다.

손안의 혁명을 일으키며 스마트폰이 전 세계를 휩쓸던 시절, 제법 큰 정보통신 회사에 다니고 있었다. 휴대전화에 들어가는 애플리케이션 시장이 활기를 띠면서 잠깐 재미를 봤지만, 곧 거품이 꺼지며 불황이 닥쳐 업계에 구조조정이 일어났다. 한껏 부풀어 오른 회사 크기를 감당할 수 없어, 비용 절감을 한다며 뽑았던 사람들을 마구잡이로 제일 먼저 잘라내던 시대였다.

정의감이 투철한 스타일은 아니었지만, 고통을 분담하자더니 제일 쉽게 사람의 머릿수를 줄이며 비용을 아끼는 세상이 꼴 보기 싫어졌다. 회사만 정이 떨어지면 좋았겠는데, 아비규환 속에서 서로 살아남으려고 남의 공을 가로채거나 동료의 등을 떠미는 세태들을 보며 인간들까지 징그러워졌다.

 물론 나도 뒤통수를 맞았다. 그 아귀다툼에서 '왕따'도 당해봤고, 음해와 성추행도 한꺼번에 다 겪었다. 어질어질했다. 그러고 나니 믿을 사람이 하나도 없었다. 비겁한 인류로 가득 찬 비정한 회사에서 어떻게 '살아남을까'가 아니라 '빠져나갈까' 궁리하던 중, 기회가 생겼다. 꽤 많은 위로금을 주면서 희망퇴직을 받는다는 공고가 난 것이었다.

 '이때다.'

 제법 아이디어가 반짝인다는 칭찬을 받기도 했던 터라 돈 좀 쥐고 나가면 혼자서도 큰 성공을 거둘 것 같은 희망에 제일 먼저 손을 들고 당당히 회사를 그만뒀다. 친구들이 용기 있다며 손뼉을 쳐줬다. 자신이 생겼다.

 큰 착각이었다. 나는 그렇게 실력이 뛰어난 인재도 아니었거니와 회사 밖의 세상은 그렇게 만만하지 않았다.

회사 안에서야 타이틀을 입혀주니 거래처 사람들과 돈독히 지냈지만, 껍데기를 벗고 나온 나를 누구 하나 전과 같이 반겨주기 힘들었다. 제법 두둑한 퇴직금을 가진 채 남을 밀어내지 않고도 착하게 성공하는 작고 성실한 회사를 보란 듯이 차려보고 싶었으나, 그 꿈은 하루하루 지연되고 있었다.

머릿속에 백 개의 아이디어가 샘솟았지만, 막상 내 돈으로 시작하려니 이것도 저것도 다 모자란 것 같고, 혹시 망하면 어떡하나 자신감이 없어지기 시작했다. 무작정 사업을 시작할 정도로 '막가파'는 아니어서 매일 책상에 앉아 혼자 궁리하고 있으니 점점 마음이 위축돼 갔고, 잔 다르크처럼 용감하게 뛰쳐나간 나를 보는 주변의 기대가 부담스러워 사람들을 만나기도 싫었다. 있는 돈을 까먹으며 하루하루 날은 가고, 내 몸뚱이 하나를 간수하기 어렵던 루저에게 어느 날 짧은 문자 한 통이 도착했다.

버려진 개, 좋은 놈 한 마리 있는데,

키울 거면 오늘 가서 봐.

아니면 내가 키울 거니까.

오, 이런 박력!

20년을 믿고 지내는 우리 집 강아지들 주치의 선생님의 메시지였다. 아니 협박이었달까? 이건 무슨 홈쇼핑도 아닌데, 매진 임박이나 품절 대란 같은 느낌으로 유기견 면접을 보라니! 그것도 오늘 당장?

실업자로 입에 풀칠하기도 힘든 지경인 걸 모르고 보내신 메시지라 느닷없는 선생님의 제안은 고사하는 게 정상이었다. 그러나, 나는 아직 젊었고 철이 없었다. 그리고 알고 있었다. 나와 뜻을 같이하며 수십 년간 우리 애들의 수명을 연장해 주었던 개 전문가인 그분의 안목을.

"명견이겠는데?"

호기심이 생겼다. 내 신세 따위는 아랑곳하지 않았다.

어깨를 기댄 밤

나는 한달음에 선생님이 알려준 동물구조센터로 갔다. 야생 개가 한 마리 날을 바짝 세우고 있었다. 오스트레일리아 들개인 '딩고'와 똑같이 생겼다고 '딩고'라는 이름을 붙여줬다고 했다.

딩고의 사연은 공중파 동물 프로그램에 소개될 만큼 꽤 기구했다. 키우던 가족에게 버림받아 경계심이 많아진 새끼 누렁이는 깊은 산속으로 도망쳤고, 살기 위해 농가의 닭장을 습격했다. 닭이 자꾸 죽어 없어지자, 주민들은 야생동물센터에 개를 잡아달라 신고했다. 그 과정에서 구출되었다.

발견 당시, 어릴 때 차고 있던 목줄이 너무 작아 살을 파고들어서 뼈까지 보였는데, 괴사 될 수도 있어서 수술이 시급해 보였다고 한다. 하지만 어린 나이임에도 야산에서 먹이를 사냥하고 살아남을 정도로 영민했던 들개는 좀처럼 잡히지 않았다. 구조팀이 며칠을 기다렸고, 마침내 딩고가 배고픔에 미끼를 물었을 때 소방관이 쏜 마취총에 맞아 구조됐다. 목을 옥죄던 줄을 제거해 주기 위해 건강검진을 했는데, 놀랍게도 아직 어린 몸으로 임신한 상태였다고 한다.

새끼들을 포기할까 고민도 했지만, 선량하고 경험 많은 의료진은 어미와 어린 생명 모두를 살리기로 했고, 마취 없이 목줄 제거 수술을 진행할 수밖에 없었다고 한다. 그물에 걸려 잡혀 와 차가운 수술대에 누운 것도 무서울 텐데, 마취도 하지 않고 생살에 붙은 목줄을 떼는 수술을 견뎌 내다니! 다 지난 이야기를 하는데도 내 오금이 저릿한데 그때 딩고는 얼마나 두렵고 무서웠을까.

씩씩한 누렁이는 수술 후 두 달이 지나 일곱 마리의 새끼를 낳았다. 거친 야생의 생활로 많이 쇠약해졌지만, 타고난 모성으로 새끼들을 참기름 발라놓은 것처럼 반들반들 건강하게 키워놓았고 아가들은 분양이 잘 되었다고 한다. 하지만 들에서 배를 곯다 새끼까지 출산해 말라비틀어진 어미 견을 선뜻 데려갈 사람이 없었다. 오갈 데 없이 불쌍한 처지가 되어버린 그때, 다친 목을 치료받다가 우리 선생님의 마음을 훔친 것이었다.

원장 선생님은 그 당시 병원에서 '부원장'이라 부르며 애지중지 키우던 반려견을 하늘나라로 보낸 직후였다. 허전한 마음의 빈자리를 채워줄 개를 기다리고 있던 차에 목이 썩어 들어가는 비련의 임신부 딩고가 실려 왔고, 정성껏 치료해 목숨을 살려내던 중 그 개에게 한눈에 반하고 만 것이었다.

본인이 직접 키우면 될 것이지 왜 내게 연락했는가 하면, 개가 누릴 행복을 진심으로 고려하기 때문이었다. 선생님은 정말 강아지를 예뻐하는 분이지만, 아무리 훌륭한 의료 시설로 온 마음을 다해 키운다 해도 병원에서 크는 것보다는 가정집의 따뜻한 보살핌을 받는 것이 개에게 좋다는 생각을 평소에 가지고 계셨다. 그래서 오래 알고 지내며, 믿고 맡길 수 있는 '개 미치광이'에게 연락한 것이었다.

본인도 개를 키우고 싶지만, 지금 자기 마음보다 앞으

로 개의 평생을 먼저 가늠하는 그 배려심 때문에 나는 그분을 존경한다. 그리고 그런 사람이 개 행복 하나는 책임질 것을 믿고, 내게 그 개를 보내주어서 너무 기뻤다. 그 당시 가난하고 불안했던 내 처지는 싹 잊고 마음이 부자가 됐고, 그날로 들개 딩고는 우리 집으로 왔다.

유기견들이 대개 그렇듯 딩고는 센터 사람을 제외한 모든 인간을 경계했다. 당연히 새 식구가 될 나를 보고도 '컹컹' 잡아먹을 듯 짖어대서 센터 식구들의 도움으로 겨우 차에 태울 수 있었다. 10㎏ 남짓한 크기의 황색 진돗개 잡종인 딩고는 전형적인 우리나라 누렁이였는데 들에서 생활하던 구조견이기도 하고, 최근까지 새끼에게 젖을 빨리느라 볼이 움푹 패 꽤 사납게 보이는 외모였다.

그런데 나는 정확히 그 점이 더 좋았다. 꼬불꼬불 살랑대는 털과 애교 넘치는 눈빛을 발사하는 외국 혈통의 무릎 강아지도 좋지만, 늑대의 야성을 닮은 딩고의 외모와 습성이 내 취향이었기 때문이다. 식구로 맞이하는 생명에게 취향이니 뭐니, 평가를 갖다 붙이는 것은 실례이지만 사랑에 빠지는 이유는 각자가 다르니까.

딩고는 한마디로 내 스타일이었다.

그러나 사랑은 늘 타이밍이 맞지 않는 법. 인간인 나는 혼자 들개에게 반해 두근거리는 마음으로 개를 싣고 왔지만, 들개 딩고는 그렇지 않았다. 집까지 오는 두 시간 내내 줄에 묶인 채 뒷좌석에서 꼿꼿이 앉아 눈에서 독기와 의심을 감추지 않았다.

집에 도착해 차에서 내리라고 할 때도 어찌나 버티고 거부를 하는지 묶어 놓은 개 줄이 끊어질 뻔했다. 보호소 사정이란 게 넉넉하지도 않고, 워낙 많은 개가 돌아가며 사용했을 개 줄은 꽤 낡고 얇아서 덩치 큰 들개를 감당하기에는 조금 위태로웠다. 억지로 줄을 끌었다가는 격하게 반항하며 줄이 끊어지거나 두려움에 나를 공격할지도 모르는 일이었다. 집으로 데리고 함께 가야 하는데 쉽지 않은 상황이었다.

하지만 내가 누구인가. 어릴 때부터 사람 마음은 몰라도 개 마음은 눈빛만으로 읽어내는 자칭 '애니멀 커뮤니케이터'가 아니던가. 더구나 유기견을 키워 본 경험이 처음은 아니었기에 이런 개 스타일은 절대 강요하면 안 된다는 걸 알고 있었다.

인간이 온화할 때 몸에서 풍기는 냄새를 맡은 뒤, 시간이 지나도 그 진정된 호르몬의 냄새가 일정하게 바뀌지 않으면 개들은 그 인간을 신뢰하고 곁을 내어준다. 개에 관해서는 언제나 너그럽게 기다리고 조급하지 않을 수 있었던 나는 자동차 문을 연 채 줄을 잡고 주차장 바닥에 주저앉아 딩고의 마음이 열리기를 기다렸다.

밤이 꽤 깊어지며 주차장에는 지나는 사람 하나 없었고, 9월 가을밤 귀뚜라미 우는 소리만 '귀뚤귀뚤' 우리의 첫날밤을 재촉했다. 그러다 차에 기대 까무룩 잠이 들었는데, 무언가 내 어깨에 묵직하게 체중을 실어 기대는 게 느껴졌다. 고개를 들었다. 딩고가 목덜미를 내 어깨에 기대어 엎드려

잠을 자고 있었다. 아, 감동적이어라! 이런 사랑의 변덕쟁이, 오는 내내 뻣뻣하게 내게 날을 세울 때는 언제고.

내가 놀라 고개를 든 순간 딩고도 잠이 깨서 우리는 가까이서 눈이 마주쳤는데, 가로등이 비추어 푸르스름하게 빛나던 그때의 눈빛을 아직도 잊을 수가 없다. 그 눈은 정확한 말을 하고 있었다.

'믿고 싶어요.'

심장에 컵이 있는 듯 뜨거운 물이 주르륵 넘쳐흐르는 느낌을 받았다. 낯설다고 날카롭게 날을 세우던 개가 따뜻하게 머리를 기대어 준 것도 고마웠지만, 그보다는 조금 더 깊은 감정이었는데, 인간에게 상처받았던 짐승이 다시금 인간에게 문을 여는 그 너그러움에 감동했다.

'개들은 어쩌면 이렇게 용서를 잘할까.'

식구라고 들여놓고는 키우다 버리고, 혼자 먹고 살려고 사냥했을 뿐인데 닭 잡아먹는다고 돌팔매질했을 인간들. 비록 자기를 구하려는 행동이었지만 소중한 새끼를 품은 몸에 칼을 대고 마취도 없이 수술을 견디면서 인간 세상이 얼마나 두려웠을지, 나로서는 상상도 안 된다. 그런데 이 개는 어떻게 처음 보는 인간인 나를 다시 자기 세상에 들일 수 있는 걸까.

동시에 다른 의문도 생겼다.

'나는 그럴 수 있을까.'

너 꽤 뻔뻔한 아이로구나?

머리를 맞대고 한 걸음 가까워진 딩고는 줄에 묶여 순순히 집으로 따라왔다. 그때부터 나는 이 개가 조금 특별하다는 것을 알았는데, 부처님이 들어가 앉은 듯 이 개는 매우 현명하고 너그러웠다. 들에서 살던 개는 줄에 묶여본 적이 별로 없다. 거의 야생에 가까워서 줄을 매고 따라 걷는다는 게 쉬운 일이 아니다. 대개는 안 따라간다고 버둥 버둥 저항하거나 두려움에 '깨앵깨앵' 곡소리를 한다. 그러나 딩고는 기르던 개처럼 조용히 따라와 주었다.

그때 우리 집은 8층이어서 엘리베이터를 타야 했는데, 좀 낡은 아파트의 승강기라 나도 가끔 무서웠다. 정지할 때면 '덜커덩' 지진이라도 난 듯 꽤 흔들렸고, 문이 여닫힐 때는 '끼익끼익' 소리를 내며 매우 천천히 열리다가 때로는 닫힘 버튼을 누르지 않아도 자기 혼자 닫히고는 해서 약간 겁이 났다.

번듯한 새 아파트에 사는 반려견들조차 엘리베이터 타기를 무서워하는 개가 많다. 무섭겠지. 처음 보는 우주선에 타는 기분 같지 않을까. 들개 딩고는 아마도 더 무서웠을 것이다. 거리의 개로 살면서 아마도 이렇게 차갑고 낯선 기구를 타본 적이 없었을 것이다. 그러나 이 개는 유난히 현명하고 침착했다. 자신의 안전을 위해서 어떤 규칙을 따라야 하는지 아는 듯, 노후돼서 덜컹거리는 낡은 아파트 엘리베이터를 신기하게 처음부터 잘 타고 내렸다.

그렇게 침착한 개였지만 집에 들어와서는 다시 경계를 늦추지 않았다. 처음 와보는 남의 집에서 문이 굳게 닫혔으니, 딩고에게는 커다란 포획 틀로 느껴질 수도 있는 상황이었다. 해칠 것 같지 않아 믿고 따라오기는 했으나 자기는 집 안에 들어가지 않고 현관에서 오늘 하룻밤만 신세를 지겠다는 듯 딩고는 현관에서 다시 꼿꼿하게 앉아 상황을 지켜봤다.

이번에도 역시 개의 의견을 존중해 주었다. 문은 닫혀 있으니, 현관이든 거실이든 개가 집을 나갈 수만 없으면 별문제가 되지 않았다. 강아지를 처음 집에 데리고 온 날은 그 개의 나이가 어리든지 많든지 간에 잠자리는 자기가 정하게 하는 것이 좋다. 개가 경계를 풀면서 그 장소를 자신의 영역으로 선택하면, 개의 마음이 풀어져 훨씬 빨리 그 집의 사람과 친해지기 때문이다.

개의 심리적 특징을 알고 있던 나는 낯선 개가 하고 싶은 대로 내버려 두고 침실로 들어가 잠을 청했다. 처음 보는 들개를 데려오는 건 내게도 고된 하루였지만 베개에 머리를 두고도 금방 잠이 오지 않았다.

'독 오른 야생 짐승을 어떻게 길들이지. 내가 키울 수 있는 게 맞을까.'

유기견은 키워봤지만, 들개를 데려온 일은 처음이어서 걱정이 되었다. 이런저런 생각으로 뒤척였지만, 모든 걸 내일의 우리에게 맡기기로 하고 잠이 들었다.

다음 날, 잠이 깬 나는 눈을 뜨자마자 현관으로 달려 나갔다가 심장이 내려앉는 줄 알았다. 개가 없었다. 잠이 덜 깨서 여러 가지 바보 같은 생각이 들었다.

'내가 어제 개를 데려온 게 꿈인가?'

'문이 어디 열렸나?'

그렇게 혼자 식은땀을 흘리고 있었는데 어디서 작은 소리가 났다.

'툭탁툭탁'

현관에서 뒤를 돌아보니 현관 반대쪽 집안의 소파에서 웬 큰 개가 배를 보이며 누워 꼬리를 치고 있었다. 개는 겸

연쩍으면 귀를 뒤로 납작하게 젖히고 배를 보이면서, 입을 비죽대며 웃는다. 순박한 그 개의 마음이 읽혀 '피식' 웃음이 터졌다.

'초면에 실례했습니다, 너무 푹신해서 그만……'

이렇게 말하는 듯했다.

'아, 언제는 다 싫어서 현관에서 자고 바로 나가겠다며!'

자다가 몸이 찌뿌드드했는지 거기서 잤나 보다. 나는 개를 안다. 개들은 짐승이라 낯선 곳을 경계하기도 하지만 또 자기 몸이 편안하면 금방 적응하기도 한다. 간밤의 걱정이 무색할 만큼 속 편한 그 본능에 어이가 없었다. 넉살이 좋은 건지, 몸이 고단했던 건지 알 수는 없지만 하여간 이 집이 마음에 든 것은 분명했다.

무서웠던 개는 그 뻔뻔한 행동 하나로 나의 영원한 귀염둥이로 변신했다.

어쩌다 엄마

집에 와 소파와 사랑에 빠진 딩고는 입양하고 처음 이틀 동안 내내 잠만 잤다. 자느라 밥도 잘 안 먹고 중간에 일어나 물만 먹으면서 잠자는 공주처럼 잠을 자 댔다. 이것은 센터에서 입양된 유기견의 특징이다. 아무리 구조센터에서 정성껏 돌봐 준다고 해도 집같이 편안한 환경일 수는 없고, 새로운 유기견들이 계속해서 입소하기 때문에 그곳의 개들은 늘 밤새워 울고불고 짖고 하여 깊은 숙면을 이루기가 힘들다. 그래서 대개는 입양되고 며칠은 내리 잠을 잔다. 그동안 고단했을 들개의 묵은 피로가 느껴져 마음 한구석이 짠했지만, 한편으로는 집이 생겨 두 다리 뻗고 자는구나 싶어 마음이 좋기도 했다.

사흘째 아침, 평생 못 잔 잠을 다 자고 일어난 듯한 딩고에게 족발을 삶아 주었다. 갈비뼈가 겨울 나뭇가지처럼 앙상한 들개는 영양 보충이 시급해 보였다. '아구아구' 게걸스럽게 돼지 족발을 먹어 치운 딩고는 다시 내게 거리를 두며 현관에 가서 앉았다.

개들의 사인을 잘 아는 편이지만, 그때는 조금 헷갈렸다. 밖에 나가 '쉬야'를 누고 싶은 건지 며칠 잘 대접받았으니 자기가 살던 센터로 돌아가겠다는 건지 판단이 안 섰다. 들에서 생활을 한 개는 실외 배변을 선호해 집안에서는 배변을 잘 하지 않기에, 딩고의 속을 편하게 해 주기 위해서는 산책하러 나가 주어야 했다. 하지만 아직 나를 식구로 여기지 않아서 저 살던 곳으로 돌아가겠다고 고집을 피우면 어쩌나 해서 망설였다.

10kg의 개는 70kg 이상의 성인 남성에게도 밀리지 않을 만큼 힘이 세다. 웬만한 중학생보다 오종종한 체구의 여성인 내가 감당하기 어려운 중형견을 데리고 나갔다가 자칫 다시 잃어버리기 쉬워서 신중하게 판단해야 했다.

'그래도, 똥오줌은 싸야지.'

나가기로 결심했다. 조금 걱정이 되기는 했지만, 어차피 나가야 할 바깥세상인데 오늘 시작하자. 나는 개 계의 '타잔'이 아니던가. 스스로 자신감을 다지며 현관문을 나섰다.

딩고는 먹이를 받아먹으면서도 아직 제 몸에 손대는 걸 완벽하게 허락하지 않았다. 그래서 새 줄을 채울 수가 없어 여전히 보호소에서 매고 온 허술한 줄을 몸에 차고 밖을 나섰다.

왔던 길을 기억하는지 순순히 엘리베이터에 따라 탄 딩고와 로비로 내려왔다. 모든 것이 순조로워 안심되던 그 순간 사고가 났다. 긴장한 개가 후다닥 앞서 나가고 따라 내리려는 순간, 나는 아직 승강기 안에 있는데 낡아빠진 엘리베이터의 문이 성급하게 닫혀버린 것이다. 그러고는 '63빌딩'의 고속 승강기처럼 빠른 속도로 올라가기 시작했다. 딩고를 바깥에 두고 문 사이에 낀 끈이 팽팽하게 늘어났다. 심장이 멎을 뻔했다. 해외 토픽에서 승강기에 매달린 개 뉴스를 본 적이 있어서 너무 무서워 손이 벌벌 떨렸다.

'개가 목이 졸려 있으면 어떻게 하지?'

'지금 바깥에서 교수형을 당한 것처럼 대롱대롱 매달려 있는 건 아닐까?'

오만가지 걱정을 하던 차에 다행인지 불행인지 모를 사건이 연거푸 일어났다. 낡아 있던 개 줄이 팽팽하게 당겨지며 뚝 하니 끊어진 것이다. 만감이 교차했다.

'줄이 끊어져 개 목숨은 구했겠구나.' 안도하는 마음과 '개를 잃어버리면 어떻게 찾지? 아직 불러도 오지도 않는데.' 걱정스러운 마음이 동시에 들었다.

너무 무서웠다.

도심에 살아보지 않은 들개가 나가서 바로 차에 치여 즉사하거나, 동네 길을 누비고 다니다 길을 잃어 영영 못 찾을까 봐 머리가 하얘졌다. 어렵게 목숨을 구해 입양시킨

구호센터 직원분들과 우리 의사 선생님 얼굴은 어떻게 본담?

머릿속이 쏟아진 필통처럼 어지러웠다. 어떻게 다시 내려왔는지 기억도 나지 않게 허둥지둥 1층으로 다시 왔다. 이른 시간이라 지나는 사람도 얼마 없었는데, 새벽안개로 앞도 잘 보이지 않았다. 눈앞의 풍경만큼 내 심정도 막막했다. 습관을 잘 모르는 발 빠른 중형견을 찾기 위해 어디로 가야 할지 도통 감이 잡히지 않았다. 이름이나 알지 모르겠지만 일단 불러보자.

"딩고! 딩고!"

새벽이라 이름을 크게 부르면 민폐가 될 게 뻔했지만, 사정을 따질 겨를이 없었다.

개는 보호자의 체취와 목소리, 발걸음 소리를 듣고도 주인을 알아보는 법이지만 그 개에게 나는 아직 주인은커녕 아는 사람도 아닐 터. 내 목소리와 발걸음을 모를 거로 생각해서 휘파람으로 주의를 끌려고 이름과 함께 휘파람을 불어댔다. 우리 할머니가 들으면 뱀 나온다고 당장 그만두라고 할 일이었지만, 안 친한 들개를 소리로 꾀어내야만 했다.

이 골목 저 골목 뒤지고 크게 한 바퀴를 다 돌아도 안개 속에서 개는 나타나지 않았고 식은땀이 나며 다리가 후들거리다 눈물이 나기 시작했다. 만난 지 얼마 안 되는 개인데 무슨 눈물까지 나겠느냐 할 사람도 있겠지만, 인연이란 그 짧은 순간에도 연대가 생겨나고 무엇보다 책임감에 마음이 무거웠던 것 같다. 사고라고는 해도 내 부주의로 일어난 일에 어렵게 살아남은 그 개와 그 개를 살려낸 사람들의 마음이 생각나 죄책감에 사로잡혀 눈물이 났다.

"딩고야! 딩고야······. 어휴 어떡해······."

나는 개박사이니까, 모르는 야생의 개를 휘파람으로 꾀어내야지, 하는 이성적 판단 따위는 다 사라져 버리고 울음 반, 호명 반 소리를 내며 '미친년'처럼 새벽안개 속에서 헤매고 다녔다. 산발한 채 슬리퍼를 질질 끌고 다니는 내 모습이 사이비 종교에 빠진 광신도 같았으리라. 그리고 기운이 빠져 주저앉으려던 참에 구원의 손길이 뻗쳤다.

"개 잃어버렸어요?"

새벽 일을 나가시는 듯 다부지게 보이는 할머님이 말을 걸었다.

"네? 어떻게 아세요?"
"아니 누굴 찾는 거 같은데, 저기서 어떤 개도 누굴 찾고 있더라고."
"개가 누굴 찾아요?"
"응, 줄 끊어진 개가 계속 같은 자리를 맴돌면서 두리번거리고 있었어."
"그 개, 어떻게 생겼어요?"
"누렁이, 누렁이야."

하늘이 도왔다. 할머니가 알려주신 방향으로 빠른 걸음으로 움직였다.

"딩고야! 딩고!"
'휘익!'

작은 희망에 이성이 돌아온 나는 혹시라도 그 개를 놓칠까 봐 연신 이름과 휘파람을 번갈아 부르며 갔다. 개를 잃어버렸을 때, 급한 걸음으로 뛰어가면 개가 놀라 달아나거나 차에 치일 수 있다. 그 때문에 최대한 빠르지만 침착한 걸음을 걸어야 한다. 급한 마음을 누르고 일부러 천천히 가려니 온몸에 쥐가 나는 듯 더 피곤했지만 나는 그렇게 했다. 꼭 살아있는 그 개를 찾아야 했다.
멈칫.
골목 끝에 다다르니 큰 길가에 그 개가 있었다.
만난 지 사흘이 겨우 지난 인간과 개가 죽을 뻔한 고비를 넘기고 그렇게 다시 마주했다. 나는 조심스레 그 개를 불렀다. 놀라 뒤로 도망칠까 봐 다가가지는 못했다. 그 개의 뒤는 일산에서 서울로 진입하기 직전의 팔 차선 도로였다. 그 시간에는 서울까지 출근이 늦을까 봐 차들이 제법 쌩쌩 달린다. 놀라서 개가 반대로 도망가면 바로 차에 치일 수도 있는 상황이었다.

그 개는 나와 눈이 마주치더니 첫날밤 가로등 아래 그 눈빛이 되었다. 저 앞의 인간이 이틀간 내게 밥을 준 사람인지 아닌지, 저 사람이 해를 끼칠지 아닐지, 이대로 자기 집으로 돌아갈지 저 인간을 따라갈지 모든 것이 혼란스러운 듯 개의 눈동자가 초조하게 흔들리고 있었다. 그 개를 그물로 포획할 수도 없고 나는 눈높이를 맞추며 쭈그리고 앉아 순전히 그 개의 처분을 기다렸다. 입안에 침이 바짝 말랐다.

'빠앙!'

개가 주춤주춤 뒷걸음질을 치려는 순간 차도로 뛰어들까 봐, 지나던 자동차가 경적을 울렸다.

그때였다. 그 개는 차도가 아닌 내 쪽으로 냉큼 와 안겼다. 위험한 세상을 피해 내 품으로 도망을 쳐준 것이다. 나는 와락 그 개를 껴안았다. 줄이 짧고 아직 사람 손을 덜 타서 내 손을 물지도 모르는 개였지만 내 손이 물어뜯겨 피가 날지라도 나는 그 개를 놓칠 수 없었다. 그 개가 세상의 위험으로부터 내 품으로 도망해 온 이 순간을 놓칠 수 없었다.

풀썩.

가슴에 안길 때 느껴진 고단한 개의 비릿한 냄새, 두려움에 살짝 흔들리던 오들오들한 몸의 떨림, 나와 나누던 체온, 긴장해서 차가워진 그 개의 발바닥. 그 모든 것이 너무 안쓰럽고 사랑스럽게 느껴졌다. 사납고 커다랗던 들개가 아니라 그저 겁먹고 약한 생명일 뿐이었다.

무서웠겠다. 아무 생각 없이 태어났는데 짧은 너의 삶 동안 네 뜻과는 달리 이곳, 저곳, 이 사람, 저 사람에게 옮

겨지면서 너무 고단했겠어. 눈물이 흘렀다. 그 개를 안 놓아줄 듯 꽉 안고 '쪼쪼쪼' 달래며 귀에 속삭였다.

"걱정 마, 너 방금 엄마 생겼어."

가끔 도망도 치고 그래

딩고가 내게로 도망쳐 와 온전한 가족이 된 날, 나는 다시 세상으로 나갈 준비를 했다.

든든한 들개의 가족이 되어 주려면 먹을 것과 푹신한 잠자리가 필요했는데 그러려면 세상에 나가 사냥을 해야 했기 때문이다. 나는 아직 많이 부족하고 준비가 덜 된 상태였지만 회사를 차렸다. 나 하나 입에 풀칠해야 할 때는 이것저것 재고 망설이게 되더니, 누군가 옆에 생기고 나니까 전보다 세상에 발 내딛기가 수월했다. 기준이 확실해져서였다.

그전에는 나의 시간, 효율, 체면……. 너무 많은 요소를 쟀다. 딩고를 만나고 이제는 그냥 이 개가 죽을 때까지 흙에서 똥 누이고 밥 먹일 수 있는 일이면 됐다. 기준이 명확해지니 선택이 쉬워졌다. 사람은 나를 위해 살 때보다 누군가를 위해 살면 신기하게 힘이 더 세진다. 중이 제 머리 못 깎는다고 했던가. 내 돈 달라는 소리는 못 해도 친구나 식구가 당한 일에는 팔 걷어붙이고 쫓아가서 더 당당히 목소리 높이게 되는 마음과 같은 건가 보다.

그때 내가 그랬다. 새로 생긴 내 새끼를 먹여 살리려고 아무거나 다 하겠다고 세상에 덤볐다. 사람 세상에 상처받고 혼자 산속으로 깊이 도망쳤던 내가 들개를 만난 뒤 둘이 되었고, 그 용기로 먹이를 구하러 나온 느낌이었다. 혼자가 아니면 확실히 덜 무섭다.

무섭지 않다고 힘들지 않은 것은 아니다. 밥벌이를 위해 다시 세상 속으로 돌아왔을 때도 세상은 여전히 만만치가 않았다. 강아지 학교는 매우 재미있는 일이지만 자영업이다. 사업을 시작하니 회사 다닐 때와는 다른 어려움이 있었다. 사기도 당하고, 돈도 물렸다. 아끼던 사람과 사이가 틀어지기도 했다. 이럴 때는 마음이 무너져 내린다.

그렇지만 요즘은 먼 데로 도망가지 않는다. 그때마다 가깝게 딩고에게 도망치면 되니까.

다리가 풀리면 나는 일단 개를 끌어안는다. 그리고 잠시 다 집어치우고 낮잠을 잔다. 살아보고 느낀 건데 두어 시간 숨어서 낮잠을 잔다고 세상에 큰일이 생기지 않는다. 오히려 힘이 나서 다시 나가게 되는 쪽이랄까. 그때마다 딩고는 나를 품고 구수한 발을 내어준다. 개 발 냄새는 최고의 해독제니까. '개로마테라피'로 응급처치하고 나면, 남은 하루를 때우며 안심한다. 오늘도 멀리는 도망치지 않았구나.

딩고가 온 이후 10여 년 동안 그 개는 늘 잠잘 때 내 등에 자기 등을 붙이고 잔다. 이것은 무리 생활을 하는 개의 습성이기도 하다. 자면서도 서로의 살이 맞닿아 서로의 등 뒤에 늘 함께 있다는 확신을 주는 본능, 그 상태로 잠이 들면 불면증 같은 건 있을 수가 없다. 그 힘은 대단하다. 무언가 등 뒤에 있다는 든든한 느낌을 기억하면 혼자 잠시 휘청일 때도 버틸 수 있다. 그 느낌을 몸이 기억하면 혼자여도 언제나 혼자가 아닌데 뭐.

그래서 나는 힘든 일이 생기면 개에게로 도망쳐 숨고 싶은가보다. 도망이 꼭 나쁜 것은 아니다. 우리가 전부 국가대표 선수는 아니니까. 도망을 잘 쳐야 돌아올 수 있다. 언제든 잠깐씩 도망가 기댈 '등짝'이 모두에게 하나씩 있었으면 좋겠다.

달걀죽과 소고기죽

이정화 작가

어릴 적, 나만의 일기장에 예쁜 그림을 그려가며
혼자만의 동화책을 만들면서,
누군가는 나의 글을 읽으며
울고 웃을 수 있으면 좋겠다고 생각했습니다.
그 꿈을 아직도 잃지 않고 있는 나 자신을 사랑하겠습니다.
저서 〈삶쓰기 프로젝트 에세이집 '어제, 오늘 그리고…'〉

녀석과의 동거

"아니! 뭔데, 이거! 누구 맘대로 집에서 개를 키우노! 나는 싫다, 진짜!"

"와, 누나야 진짜 인정머리 없네. 누나야 보고 키우라카드나? 엄마, 아빠도 다 허락했는데 와 저라노?"

"야! 나도 이 집 식구거든! 내 의견은 완전 무시하나? 너무한 거 아니가, 진짜!"

아무리 볼멘소리해도 소용이 없었다. 가족들은 이미 녀석의 보송보송한 자태에 넋을 잃은 듯 보였다. 서로 돌아가며 안아보고 냄새를 맡고, 마치 신생아 돌보듯 어르고 달래며 녀석을 가족으로 받아들이고 있었다. 게다가 이해할 수 없었던 사실은, 유독 녀석을 좋아하는 사람이 바로 엄마였다는 것이다. 강아지에게는 하나도 관심이 없었던 엄마. 오히려 내 앞을 서성이던 낯선 강아지들을 휙휙 팔을 내저어 쫓아내 주시던 엄마. 그런 엄마가 녀석을 꿀 떨어지는 눈으로 바라보고 계셨다. 자식들이 다 커서 더 이상 엄마 품을 파고들지 않음에 오는 헛헛함을 녀석에게 위로받는 것일까? 사춘기가 와서 엄마를 힘들게 하는 자식들, 남는 시간조차 엄마에게 나누어 주지 않는 야박한 우리와는 다를 거라고 확신이라도 하신 듯, 엄마는 녀석을 늦둥이 동생처럼 소중하게 안고 계셨다.

나의 불만 가득한 툴툴거림은 무시하고 가족들은 녀석을 부를 예쁜 이름을 짓는 데에 그날 저녁 시간을 다 보냈다. 오가며 길에서 보았던, 주인 품에 예쁘게 안긴 인형

같은 강아지들처럼, 우리 집의 그 녀석은 쁘띠쁘띠한 시츄, 줄여서 '쮸띠'라는 이름의 인형이 되어가고 있었다.

"여 와가 함 안아봐라! 보송보송한 게 을마나 간질간질한지 아나? 함 안아보고 싶다 캐라."
"됐다, 마. 아이고, 온 데 다 쩜마 털 천지네. 못산다, 못살아. 청소기 어디 있는교?"
"으이그, 이 야박한 가스나야! 옛날 일은 좀 잊아뿌래라! 야는 시츄 아이가, 시츄! 동네 똥개캉은 다르다카이!"

시츄든 몰티즈든 불도그든, 종자는 내게 의미가 없다. 생김새만 다르지, 그들은 모두 '개'니까. 똑같이 짖고 발톱을 내세우기도 하고 때로는 으르렁거리기도 하는 짐승일 뿐이다. 그런데 왜 나에게서 녀석에게 나눠줄 '정'을 구걸하는 거지? 왜 내가 녀석 때문에 '정도 없는' 야박한 인간이 되어야 한단 말인가! 가족들과 녀석의 관계가 돈독해짐에 따라 나는 더 소외됐고, 녀석이 얄미워졌다.

녀석을 한 번도 안아주지 않은 것은 아니었다. 왜 저렇게 안고 빨고 예뻐하는지 궁금했다. 혹시 녀석을 품에 안아보면 나도 녀석을 좋아하게 될 수 있을까 해서 처음으로 두 앞다리 사이에 손바닥을 넣어 살포시 들어 올려 보았다. 하지만 내가 상상한 촉감과는 너무 달랐다. 물론 뽀얀 털은 보이는 것만큼 부드러웠지만, 그 밑에 '물컹'하고 만져지는 근육들은 녀석이 발버둥 칠 때마다 꿀렁꿀렁 그 움직임이 너무 잘 느껴졌고, 그 생생한 펄떡임은 녀석도 '짐승'이라는 느낌을 강하게 각인시킬 뿐이었다. 아기의 토실토실한 궁둥이 같은 사랑스러움이 느껴질 줄 알았는데, 손바닥 전체에 전해지는 '살아있는' 무언가의 촉감이 나에겐 그다지 유쾌하지 못했다. 그래서 나는 그 녀석 몸을 다시 두 손으로 잡는 게 꺼려졌다. 그렇게 나는 키우는 강아지 한번 제대로 안아주지 않는 몰인정한 인간으로 가족들 눈총을 받게 된 것이다.

　따지고 보면 이건 모두 수십 년 전 그날! 좁고 더러운 그 골목에서 생긴 '그 사건' 때문이다!

골목 안의 친구?

"은혜야, 놀자!"

낮은 담장 위로 머리를 빼꼼 내밀고 친구를 불러냈다. 친구는 내게 신나게 손을 흔들며 운동화를 구겨 신고 밖으로 나왔다. 내가 은혜를 불러내는 소리에 끼익끼익 여기저기 낡은 철문들이 열리는 소리가 들렸다.

"나도 같이 놀자!"

"나도!"

자연스럽게 골목 안으로 모여든 또래 친구들 덕에 골목은 순식간에 북적댔다.

온통 길고 짧은 길들이 이리저리 얽혀 있는, 어린 시절 뛰어놀던 골목길을 생각하면 참 정겹다. 근사한 놀이시설 없어도 그 골목길은 우리에게 최고의 놀이터였으니까. 일명 '써지는 돌'이라고 부르던 돌멩이로 바닥에 나비 옥자 놀이판을 그려 게임을 하고, 친구 다리에 고무줄을 걸어

놓고, 그 사이를 폴짝폴짝 뛰며 고무줄놀이하는 것만으로도 웃음소리가 넘치던 골목이 그립다.

어릴 적 그 골목길을 추억하며 머릿속으로 그 장면들을 그려보다 보면 늘 배경처럼 따라오는 그림이 있다. 바로 이 집 저 집에서 키우던 강아지들이다. 아이들의 발밑에는 늘 두어 마리의 강아지가 그림자처럼 따라다녔다. 목줄이나 강아지 유모차 같은 건 상상도 하지 않았던 그 시절, 강아지들은 천지를 모르고 자유롭게 뛰어다녔고, 여기저기 영역표시를 하며 배설물을 흘리고 다녔다. 아이들이 흘린 과자 부스러기를 거리낌 없이 주워 먹고, 피곤하면 한쪽 구석에 그냥 널브러져 잠들기도 하면서 골목 안에서 우리와 공존했다.

강아지 사료가 흔하지 않던 시절, 강아지들은 각 집에서 남은 잔반을 처리하며 무럭무럭 자랐다. 네 남매 키우느라 빠듯한 살림에 잔반 같은 것조차 귀한 우리 집에서는 당연히 강아지를 키울 일이 없었다. 그래서인지 친구들과 놀 때마다 불청객처럼 끼어들어 깍두기 노릇을 하려는 다른 집 강아지들이 나는 부담스러웠다. 그리고 주먹만 했던 은혜네 강아지가 얼마나 잘 얻어먹고 지냈는지 두어 달 만에 내 정강이만큼 훌쩍 커버리면서 부담이 두려움으로 바뀌어 갔다. 은혜는 늘 강아지를 달고 놀러 나왔고, 나는 점점 덩치가 커지는 그 강아지 때문에 은혜랑 놀기가 싫어졌다.

아마도 짐승은 본능적으로 자신을 두려워하는 상대를 알아차리는 듯하다. 강아지는 나를 놀리기라도 하듯 친구들과 달리기라도 할라치면 유독 나를 쫓아오며 왈왈 짖어 댔다. 나만! 오직 나에게만!

나는 화가 났지만, 화를 내는 대신 도망을 쳤다. 달리기 시합을 이기기 위해서가 아니라 강아지가 쫓아오는 게 너무 무서워서 '으아앙!' 소리를 지르며 내달렸다. 아이들은 내가 도망치는 모습이 우스워 깔깔거리며 달리기를 멈췄는데, 나는 여전히 달렸다. 더 이상 따라오는 소리가 들려오지 않을 때까지…….

나에게 굴욕감과 창피함을 동시에 주던 은혜네 강아지가 결국은 사고를 쳤다. 여느 날처럼 왈왈 짖으며 날 따라오던 강아지가 갑자기 늑대의 본능이 솟은 것인지 내 정강이를 인정사정없이 물었다. 나는 뜨거우면서도 차가운 그리고 묵직하면서도 날카로운 낯선 촉감에 당황해서 그 자리에 앉아 펑펑 울었다.

내 다리에서 흐르는 피를 보고 친구들이 달려와 소리를 지르고 어른들을 부르는 소리가 들렸다. 은혜네 강아지는 분위기가 심상치 않음을 느꼈는지 꼬리를 축 내리깔고 꽁무니를 빼며 사라져 버렸다.

그 사건 이후 강아지는 나에게 '공포'의 대상이었다. 한 골목에서 매일 같이 뛰어놀고 아이들 뒤를 그림자처럼, 풍경처럼 따라다니며 우정을 과시하다가도 한순간에 배신하고 제 본능을 드러내 버린 가해자. 나는 그렇게 강아지라는 생명체와 다시는 화해하지 않겠다고 결심했다.

골목을 벗어나 아파트로 이사를 오게 되면서, 동네에서

천방지축 뛰어다니는 강아지들을 볼 일이 없어졌다. 나 역시 더 이상 골목길에서 고무줄놀이하는 코찔찔이 꼬마가 아니었고, 단정한 단발머리에 한껏 멋을 부리는 고등학생이 되어 있었다.

대문 앞을 나서면 온 세상이 바로 놀이터가 되던 그 골목과는 달리 문 앞을 나서면 수많은 차가 서 있고, 가끔은 경적을 울리며 그 사이를 지나다니는 다른 차들 때문에 늘 주위를 살펴야 했다. 어린 시절의 내 또래쯤 되는 아이들은 알록달록 예쁜 색이 칠해진 놀이시설이 설치된 아파트 놀이터에 옹기종기 모여 놀았다. 가끔 보이는 강아지들은 예쁘게 미용도 하고, 목에 줄을 매달거나, 주인의 품에 아기처럼 또는 인형처럼 곱게 안겨서 지나갔다. 이제는 더 이상 강아지가 마구잡이로 쫓아와서 울며 도망 다닐 일도, 그것들이 싼 똥을 밟아 운동화가 더럽혀질 일도 거의 없다는 게 나는 안심이 되었다. 인형처럼 안겨 있는 저 강아지들은 나에게 그저 또 하나의 이웃일 뿐이니까.

하지만 '그날'을 기점으로 나는 더 이상 그런 태평한

소리나 할 수 없게 됐다.

그날도 여느 날처럼 무거운 책가방을 군장처럼 메고, 지친 목소리로 현관문을 열며 엄마를 불렀다.

"엄마! 나 왔어! 나 배고……."

"왈왈! 왈!"

내 말이 채 끝나기도 전에 들려온, 우리 집에서 듣게 될 거라고는 생각지도 못했던 낯선 소리에 나는 까무러칠 뻔했다.

그렇다. 그 녀석, 바로 쭈띠였다!

뭔가 이상한 갑과 을

컨디션이 아주 좋지 못했다. 목이 붓고 열이 났다. 엄마가 싸준 도시락을 채 반도 먹지 못하고 끙끙거리다가 조퇴하고 집에 왔다. 하교 시간도 아닌데 갑자기 나타난 나를 보며 엄마는 놀란 표정이었다.

약을 지어 먹고 한숨 자고 일어났더니 한결 편해진 듯했다.

"목 아파가 우야노! 밥 못 먹겠제? 죽 끓여 났으니 요거 한 그릇 먹고 약 한 번 더 묵자."

여러 가지 채소를 잘게 다지고 달걀을 풀어 참기름으로 풍미를 더한 고소한 달걀야채죽이었다. 확실히 밥보다는 부드럽게 넘어가 한 그릇을 깨끗하게 비워냈다. 식구들 밥하기에도 바쁘실 저녁 시간에 내 죽까지 따로 끓여준 엄마의 정성이 고마웠다. 하지만 내 입에서 나온 말이라고는 고작 "잘 먹었습니다"뿐이었다. 그리고 엄마의 정성 덕에 나는 금방 컨디션을 회복했다.

내가 나았더니 이번에는 녀석 차례였다. 그렇게 잘 먹고 잘 놀던 녀석이 갑자기 기력을 못 쓰고 골골댔다. 엄마는 사료를 도통 먹지 않는 녀석을 보며 애가 타서 죽을 지경이신 듯했다. 하지만 녀석은 엄마의 마음을 아는지 모르는지 냄새만 한번 킁킁 맡고는 그냥 고개를 돌리곤 했다.

그런데 부엌에서 고소한 냄새가 풍기던 그날 저녁, 녀

석은 입맛을 되찾은 듯했다. 엄마가 담아준 그릇에 코를 박고 맛있게 음식을 먹었다. 하얀 쌀 조금에 곱게 갈린 소고기가 가득 담긴 소고기죽. 그 꼬순내는 방안에 진동했고, 녀석은 이 특식이 입맛에 맞는 듯 만족스럽게 빈 그릇을 핥았다.

"와, 엄마! 내 아플 때는 달걀죽 주디만, 쭈띠 아프다고 소고기죽 주나? 너무한 거 아니가? 차별하는 것도 아니고 진짜!"
"야는 무슨 차별은……. 쭈띠가 계속 아무것도 못 먹으니까 안쓰러워서 해 준 걸 가지고! 이렇게 잘 먹을 줄 몰랐네. 많이 묵으래이, 쭈띠야! 또 만들어 줄게."

나한테는 달걀죽, 녀석한테는 소고기죽? 어이가 없었다. 나는 갓 태어난 동생에게 사랑을 뺏기고 시샘하는 나이 어린 첫째처럼, 녀석을 질투했다. 진짜 할 수만 있다면 한 대 콕 쥐어박고 싶었다. 하지만 골이 난 녀석이 짐승의 본능을 발휘해 내 손을 콱 물어버리면 어떡하지? 그런 트라우마 때문에 나는 아무것도 하지 못했다. 또 한 번 무기력해지는 나를 느끼며 고개를 절레절레 저었다.

냉동실 문을 열어보았더니, 소분해 놓은 소고기 다짐육이 주먹만 한 크기로 잘 정리되어 있었다. 엄마는 녀석이 굶은 며칠 동안 체력이 많이 떨어졌을 거라며 당분간 하루에 한 번씩 소고기를 먹여야겠다고 중얼거리셨다. 하나, 둘, 셋, 넷, 다섯……. 다섯 덩이다. 녀석은 최소한 5일은 소고기 호사를 누리겠구나! 도저히 배알이 꼬여서 안 될 것 같았다.

다음 날, 나는 모처럼 부엌으로 쪼르르 달려갔다.

"엄마! 나 볶음밥 해묵는데이! 내가 알아서 해먹을 테니 쉬세요!"

그리고 기름 두른 프라이팬에 과감하게 소고기 한 덩이를 탁! 내던졌다.

익숙한 고소한 냄새에 녀석은 내 발밑을 맴돌았다. 나는 소고기가 그득하게 섞인 밥 한 숟가락을 크게 퍼서 입에 쑤셔 넣었다. 물론 그 순간에 녀석과 눈을 마주치는 것도 잊지 않았다. 맛있는 냄새에 발을 동동 구르는 녀석의 잔망함을 보니 그렇게 유쾌할 수가 없었다.

쭈띠, 너는 이제 나흘 동안만 소고기를 먹을 수 있을 거다. 크크크!

내가 봐도 이 소심하고 유치한 복수가 어이가 없어 속으로 피식 웃음이 새어 나왔다.

소고기 볶음밥은 달걀야채죽보다 훨씬 맛이 좋았다.

녀석은 다른 식구들의 사랑을 독차지하며 우리 집의 주인공이 되어 갔다. 그리고 그 역할을 충실히 하는 듯 보였다. 가족 중 누군가가 외출했다가 돌아오기라도 하면, 번호 누르는 삑삑 소리에 이미 현관 앞으로 뛰어나가 팔짝팔짝 뛰며 반겼다.

"쟈 저러다가 꼬리 떨어져 나가버리는 거 아니야? 쳇!"

내 눈에는 녀석의 오버하는 모습이 같잖아 보였다. 그러나 녀석은 내가 코웃음을 치건 말건 안중에도 없는 듯 늘 똑같이 신이 난 것 같았다. 꼬리를 흔들고, 다리 위로 뛰어오르다가 발라당 배를 까고 누워서 '나 좀 쳐다봐 줘요' 하는 사인을 보냈다. 그 모습에 모두 웃음을 터트리고 기특하다는 듯 늘 같은 말을 했다.

"이야! 역시! 쭈띠 니 밖에 없다!"

'어디 가서 이토록 큰 환대를 받을 수 있을까?', '누가 나에게 이렇게 사랑을 표현해 줄까?' 이런 마음으로 하는 말인 듯했지만, 나는 전혀 공감할 수 없다. 왜냐하면 녀석은 한 번도 나에겐 그런 환대를 해 주지 않았으니까. 물론 내가 외출했다 들어와도 번호 키의 전자음 소리에 녀석은 현관 앞으로 뛰어나왔지만, 돌아온 사람이 '나'임을 확인하면 가차 없이 뒤돌아섰다. 녀석은 나를 그야말로 '개무시'했다. 내가 개무시당하는 모습을 보며 또 식구들은 깔깔 웃어댔다. 어린 시절, 자그마한 강아지한테 쫓겨 소리치며 도망가던 내 모습을 보고는 깔깔대던 친구들처럼……

"쭈띠가 똑똑해가 지 안 예뻐하는 사람을 귀신같이 안다카이! 하하하!"
"그라게 평소에 쭈띠한테 좀 잘하지 그랬노! 정화만 쌩까네, 정화만! 하하하!"

나를 개무시하는 녀석이 마치 천재견이라도 된다는 듯 오히려 대견해하고 기특해하는 식구들 사이에서 쭈띠는 더 기고만장해지고 과감해졌다. 그냥 본체만체하는 걸로는 성에 차지 않는 듯 나를 올려다보며 짖기까지 했다!

"이게 진짜 간이 배 밖으로 나왔나? 어디서 짖고 난리고!"

녀석이 나를 보며 짖을 때마다 나는 혼내 주기라도 하듯 한마디씩 던졌지만, 사실 아무것도 하지 못했다. 이미 녀석은 우리 집에서 '갑'이고 나는 녀석에게 '을'이라는 걸, 나도, 녀석도 알고 있었기 때문이다.

녀석은 다른 식구들이 무언가를 먹고 있으면 그저 애잔한 눈빛으로 쳐다보며 구걸할 뿐, 절대 먼저 식구들이 먹고 있는 것에 먼저 입을 대지 않았다. 그 모습이 착하고 기특하다며 한입 나누어 줄 때까지 내숭을 떨며 기다렸다.

그러나 나에게는 달랐다. 내가 뭐라도 먹고 있으면 발밑에서 짖어댔다. 날카로운 송곳니까지 드러내며 '이래도 안 줄 거야?' 하는 듯 나를 노려보았다. 내가 먹던 육포도, 과자도 결국은 녀석에게 던져주듯 뺏기고 말았다. 녀석이 아플 때 냉동실에서 빼앗아 먹었던 소고기 한 덩이를 기억이라도 하는 듯, 녀석은 내 입에 들어가는 모든 걸 마땅치 않아 했다. 늘 나를 힐끔거리며 지켜보다가 괴롭힐 타이밍을 찾는 못된 악동처럼 말이다.

야간자율학습을 마치고 늦은 시간 집으로 돌아온 어느 날, 야참을 먹고 자라고 엄마가 작은 밥상을 펼쳐 놓으셨다. 미리 구워 놓으신 고등어 냄새가 식욕을 자극했다.

허기를 채울 생각에 신이 나서 손을 씻고 밥상 앞에 앉으려는 순간, 녀석이 펄쩍 뛰어오르더니 밥상 위의 고등어를 입에 확! 하고 낚아채듯 물고 엄마 옆으로 도망을 갔다. 저게 도대체 고양이야, 강아지야? 그 날쌘 모습에 화들짝 놀랐다가, 이내 텅 빈 고등어 접시를 보고는 짜증과 함께 눈물이 확 솟구쳤다.

"악! 뭐야, 저 시키! 내 고등어! 아, 진짜! 쫌! 엉엉!"

녀석은 낚아채 간 고등어를 채 먹지도 못하고 캑캑거렸고, 엄마는 그런 녀석에게 탈이 났나 싶어서 호들갑을 떠셨다. 나는 그 모습이 또 어이없었고, 못 먹게 된 고등어구이가 아까워서 아이처럼 엉엉 소리를 내서 울었다.

그깟 고등어구이가 뭐라고 그렇게 우냐며 황당해하시

는 엄마 뒤로 몸을 숨긴 채, 제 입가에 묻은 고등어의 고소한 기름을 분홍색 혓바닥으로 할짝 할짝 핥는 녀석의 모습이, 마치 '메롱, 메롱' 하며 나를 놀리는 것 같아 울음이 그치지 않았다. 그렇게 나는 학업 스트레스보다 더한, 녀석으로 인한 스트레스로 더 못난 사람이 되어갔다.

"악! 이게 뭐고? 아, 진짜! 쭈띠 니 또 내방에 오줌 쌌제!"

늦은 밤, 지친 몸을 이끌고 방에 들어선 나는 양말을 적시는 기분 나쁜 축축함에 한밤중이라는 것도 잊고 버럭 소리를 질렀다. 아래를 내려다보니 형광등 불빛에 비춰 반질거리는 녀석의 오줌이 보였다. 참 많이도 싸 놨다. 방안에 지린내가 나는 것도 같고, 방바닥이 누렇게 물든 것 같기도 하다.

"니 이리 온나! 진짜 오늘은 가만 안 둔다. 니는 요 앞에 패드 있는데, 와 꼭 내 방까지 들어와가 싸노?!"

"아이고, 마 닦으면 되지, 한밤중에 뭐 그리 쌩 난리고! 이리 나온나, 엄마가 닦아 놓을게!"

"엄마! 언제는 쭈띠가 똥오줌 잘 가린다고 천재라매? 똘똘하다매? 저게 똘똘한기가? 왜 꼭 내 방에 들어와서 저라냐고! 엄마가 쭈띠만 내들 감싸 도니까 저게 나를 무시해가 저러는 거 아이가!"

녀석의 모든 행동이 용서되는 엄마 앞에서 씩씩거려봐야 또 나만 유난스러운 사람이 되는 거다. 평소에 실수를 좀처럼 하지 않는 녀석이니, 내 방에 싸지르는 '어쩌다 한 번의 실수'는 눈감아 주라는 거지만, 나는 알고 있다. '어쩌다 한번'이 아니라 녀석은 내 방문이 열린 잠시의 틈도 절대 놓치지 않는다는 걸. 녀석은 내 방을 자신의 세컨드 화장실 정도로 알거나, 그게 아니면 자신을 예뻐하지 않는 내게 시위하듯 그런 방식으로 심술을 부리는 것이었다. 녀석은 내 방에서만큼은 똥도 오줌도 가리지 않고 자유롭게 배설해댔고, 엄마는 해결책으로 내가 방문을 잘 닫고 다니면 문제가 없다는 결론을 내려 주셨다. 녀석과 나의 신경전은 늘 그렇게 녀석의 승리로 끝이 났다. 동거(?)하는 상대방과 신경전을 해야 한다는 사실은 참 피곤한 일이다.

나도 녀석과 친해지기 위해 노력하지 않은 것은 아니다. 그 '펄떡이는' 근육의 이질감을 이겨내 보려 안아 보기도 했고, 녀석이 좋아하는 간식을 입 앞에 내밀기도 했다. 엄마가 안고 있을 때 슬그머니 녀석의 등줄기를 쓰다듬으며 나름 애정 어린 터치를 시도하기도 했다.

하지만 녀석은 내게 옆자리를 내어주지 않았다. 내가 안으려 치면 내 품을 벗어나려 발버둥 치며 뛰어내려 버렸고, 나의 애정 어린 터치를 경계라도 하듯 버럭 입질을 해댔다. 가까이하기엔 너무 먼 당신이라는 노래 가사가 너무나 와닿는 날들이었다.

이제 집은 내게 더 이상 안락하고 포근한 장소가 아니었다. 녀석을 슬금슬금 피해 다녔고, 나를 향한 앙탈을 못

본 척 무시했다. 마치 메인 무대를 빼앗긴 하류 엑스트라처럼 녀석의 '갑질'을 견디며 녀석의 배경 중 한 명으로 이 집에 얹혀사는 기분이었다. 내가 이 집에서 독립해야만 이 스트레스가 없어질 거란 생각을 하니 십 년 묵은 체증이 더욱 두껍게 쌓이는 기분이었다.

녀석은 사랑을 듬뿍 받으며 쑥쑥 자라는 동안 덩치도 점점 커졌고, 집안에는 녀석의 흔적들이 먼지처럼 여기저기 흩어져 쉴 새 없이 환기를 시키고 청소해야 했다.

그리고 엄마의 기침 소리가 심상치 않게 커져갔다.

이리 와, 이 녀석아!

"쭈띠야, 이제 우야노? 이제 집에 니랑 내랑 둘만 남았데이. 아이고, 우야지?"

나도 당황했지만, 아마 녀석도 무척이나 당황스러웠을

거다.

　엄마는 원래부터 몸이 약한 분이었다. 몇 해 전 크게 폐결핵을 앓으시고 거의 죽다 살아나다시피 하셨다. 감기라도 걸려서 기침을 한번 시작하면 숨도 못 쉴 만큼 고통스럽게 연거푸 기침을 해대셨다. 몇 해 지난 일이니 완전히 회복됐다고 생각했는데, 아마 쭈띠의 길고 풍성해진 털들이 엄마의 기관지에 다시 무리를 준 듯하였다. 그러게, 그렇게 안고 물고 빨다시피 얼굴을 파묻고 지내시더라니…….

　결국 엄마는 기침을 멈추지 못하시고 폐에 염증이 생겨 다시 치료를 시작하셔야 했다. 나 빼고 온 식구가 취업과 학업 등 각자의 문제로 집을 비운 그 시기에 엄마까지 병원 신세를 지시게 됐으니, 이제 내가 오롯이 녀석의 보호자가 되어야 했다. 겪어보지도, 예상하지도 못했던 책임감이 무겁게 어깨를 짓누르는 것 같았다.

　"어라? 또 안 먹었네. 니 와 이래 안 묵노? 쫌 무라! 내

들 잘 묵디 왜 안 묵는데?"

 주 보호자와 갑자기 생이별하게 된 녀석은 그야말로 식음을 전폐했다. 하루 종일 현관문 앞에만 앉아 있었고, 문밖에서 발소리라도 들리면 벌떡 일어나 귀를 쫑긋 세웠다. 엄마가 돌아오시길 기다리는 듯했다. 하루 종일 꼬리를 축 늘어뜨리고 바닥에 배를 깔고 있는 모습을 보니 짠한 마음이 들었다. 밥그릇에 놔둔 사료는 거의 줄지 않았고, 한숨을 쉬는지 코털만이 가끔 바르르 떨렸다.

 어릴 적, 엄마가 쌍둥이 동생들과 나를 같이 돌보기가 너무 버거워 나를 잠시 큰고모 집에 맡긴 적이 있다. 큰고모는 아버지와 스무 살가량 차이가 나셨으니 나에게는 거의 할머니뻘이었고, 그 집에는 나와 놀아줄 사람이 아무도 없었다. 고모 집은 적막했고, 나를 좋아하거나 반기는 사람이 없다는 사실을 공기의 냄새만으로도 느낄 수 있었다. 밥이 목으로 넘어가지 않았고, 억지로 나를 떠맡게 된 고모의 눈치가 보여, 자면서 몰래 이불자락으로 눈물을 훔친 밤도 많았다. 그 밤이 어찌나 길고 외롭고 아리게 아팠던지, 수십 년이 지난 아직도 생생하게 기억난다.

아마 쭈띠도 지금 그런 느낌이겠지? 자신을 제일 예뻐하던 사람은 며칠째 코빼기도 보이지 않고, 내내 앙칼진 목소리로 따가운 눈총을 쏘아대며 자신을 미워하던 못된 여자와 단둘이 있게 되었으니 얼마나 불안하고 외로웠을까? 녀석의 풀 죽은 모습을 보니 고모 집에서 주눅 들어 눈치만 보던 내 모습이 생각이 나 더 안쓰러운 마음이 들었다.

"쭈띠야 이리 온나! 언니야가 함 안아줄게."

전에 없던 다정한 목소리로 녀석을 부르고 용기를 내 두 손을 앞다리 사이에 끼워 들어 올렸다. 녀석은 차마 반항할 기운도 없는 듯 내가 안아 올리는 대로 가만히 있었다. 맨 처음 녀석을 안았을 때의 그 '물컹'한 촉감을 기억할 새도 없이, 축 늘어진 녀석의 몸이 '슬픔'으로 가득 찬 것 같아 갑자기 왈칵 눈물이 났다. 녀석이 참 많이 힘들어하고 있구나. 그리고 불안해하고 있구나. 한순간에 엄마의 빈자리를 함께 겪고 있지만, 녀석의 슬픔이 나의 그것보다도 오히려 더 간절하다는 게 느껴져 가슴이 쿵 내려앉는 듯했다. 내가 '엄마'를 걱정하거나 보고 싶어 하는 것 이상으로 녀석이 '엄마'를 그리워하고 있는 게 느껴져 한편으로는 녀석에게 고맙기까지 했다.

녀석은 내 두 손에 힘없이 매달려, 축 처진 눈으로 나를 올려다봤다. 그 눈빛이 이렇게 말하는 것 같았다.

"언니, 우리 엄마 언제 와요?"

이제 내가 진짜 녀석의 보호자가 되어야 했다. 녀석의 배설물이 있는 패드를 깨끗한 걸로 바꿔주고 물도 수시로 갈아주었다. 사료를 밥그릇에 부어 녀석의 입 앞에 갖다 놓았다. 녀석은 밥그릇 한번 나 한번 번갈아 보더니 이내 고개를 돌려버렸다.

"니 이럴 끼가! 뭐든 먹어야 기운을 차리지! 그래야 엄마 돌아오시면 또 꼬리 떨어질 때까지 흔들지! 자, 쪼매 더 묵자. 응?"

육포든 과자든, 내가 먹고 있는 것이라면 일단 달려들어 뺏어 먹으려던 녀석은, 내가 코앞에서 흔들며 유혹하는 간식 앞에서도 반응이 없었다. 내가 알던 그 녀석이 맞는지조차 의심스러울 지경이었다.

이러다 진짜 큰일 나겠다 싶어 녀석에게 뭐라도 먹여보려고 발을 동동 구르던 나는 갑자기 떠오른 생각에 우뚝 멈췄다.

"아! 맞다! 소고기죽!"

머릿속을 언뜻 지나가는 묘안! 바로 소고기죽이었다.

아파서 입맛을 잃었을 때도 소고기죽만 있으면 되살아나던 녀석이니 그걸로 녀석의 입맛을 다시 한번 당겨볼 생각이었다.

다행히 엄마는 녀석의 비상용 소고기를 냉동실에 잘 보관해 두셨다.

엄마만큼은 아니겠지만 나름 정성을 들여 고소한 냄새를 최대한 폴폴 풍기며 소고기죽을 만들었다. 죽이 눌어붙지 않게 저어가며 "이것도 먹지 않으면 어쩌지?"라는 혼잣말을 대여섯 번은 한 것 같다. 그리고 나도 모르게 녀석의 걱정을 꽤 많이 하는 내 모습에 흠칫 놀랐다. 엄마가 그러셨던 것처럼 나도 녀석을 걱정하고 있던 것이다.

녀석을 무릎에 앉히고, 밥그릇 안의 소고기죽을 후후 불었다. 녀석이 먹기 좋게 식히려는 의도도 있었지만, 녀석이 이 고소한 냄새를 맡고 식욕이 되살아나길 바라는 마음이 컸다.

"한번 먹어보자. 요 봐! 자! 자!"

녀석은 또 밥그릇 한번 내 얼굴 한번을 번갈아 보았다. 나는 전에 없던 최대한 따뜻한 미소를 지으며 녀석에게 고개를 주억거렸다. 먹어보라는 권유의 의미와 제발 먹어 달라는 부탁의 의미를 함께 담은 고갯짓이었다. 녀석은 밥그릇을 한참 쳐다보더니 천천히 입을 갖다 댔다. 엄마가 해주던 소고기죽이 생각난 걸까? 아니면 긴 허기가 그리움을 이긴 것일까? 아무래도 상관없었다. 녀석은 처음으로 내가 챙겨준 식사를 했고, 한 그릇을 비운 후엔 만족한 듯 꼬리까지 흔들흔들 흔들었다. 너무 뿌듯해서 소리라도 지르고 싶은 심정이었다.

"잘했어! 잘했어! 진짜 잘했어!"

나는 녀석을 마구마구 칭찬하며 두 눈이 까뒤집어질 때까지 머리를 쓰다듬었다. 녀석은 더 이상 내 터치에 입질하지 않았고, 조금 귀찮아하는 것 같긴 해도 내가 두려움 없이 터치할 수 있도록 제 몸을 내게 맡긴 듯했다. 그렇게, 우리의 마음은 조금씩 열리고 있었다.

녀석은 기분이 나아진 듯했다. 사료도 곧잘 먹고 애착 인형을 가지고 놀다가 내 앞에 갖다 놓기도 했다. 나는 내 간식을 녀석이 짖지 않아도 나눠 줄 만큼 너그러워졌다. 그리고 가장 큰 변화는 내 손의 감각이었다. 처음 녀석을 안았을 때 느껴졌던 짐승의 펄떡이는 근육들은, 내게 약간은 징그러운 '물컹함'이었다. 그래서 녀석을 안는 것이 부담스럽고 낯설었다.

그런데 같은 생물체를 안고 있는데도 이제는 그 촉감이 '몰캉함'으로 바뀐 것이다. 모음 한두 개 차이인 데도 내 느낌은 천지 차이였다. 내게 '물컹함'은 다시 손대기 싫은 기분 나쁜 감촉이라면, '몰캉함'은 너무 사랑스럽고 부드럽고 따뜻해서 하루 종일 만지작거리고 싶은 촉감이니까. 녀석에 대한 나의 감각들은 그렇게 변해갔다.

오랜만에 내 방문을 활짝 열어 두었다. 그리고 혹시나 해서 배변 패드도 방 안에 두어 장 깔아 놓았다. 녀석은 오랜만에 들어오는 방이라 그런지 방문 앞에서 선뜻 들어오지 않고 안을 두리번거렸다. 내가 먼저 방 안으로 들어가 침대에 걸터앉으니 녀석도 쭈뼛거리며 들어왔다. 여기저기 냄새를 킁킁 맡으면서 내 눈치를 슬슬 보는 듯했다.

그날 밤, 난 처음으로 녀석과 동침했다. 늘 엄마 옆에서 잠들던 녀석이 거실에서 혼자 낑낑거리며 자는 게 안쓰러워 용기를 내 본 것이다. 꼭, 친하지 않은 이성 친구와 억지로 한 방에서 밤을 보내야 하는 것처럼 불안과 긴장감이 몰려왔다.

작은 조명만을 켜둔 채 방을 어둡게 하고 내 침대 옆에 작은 자리를 만들어 주니 또 한 번 나를 빤히 쳐다보다가, 결심이라도 한 듯 배를 깔고 스르르 몸을 낮춰 누웠다. 그리고 이내 쌕쌕 소리를 내며 잠이 들었다.

그날 밤, 우린 꿈속에서 소고기죽과 육포를 사이좋게 나눠 먹었다.

다음 날 아침. 녀석은 배변 패드가 아닌 내 책상 아래에 시원하게 볼일을 보았다.

으이그, 그럼 그렇지! 참 한결같은 녀석이다. 두 눈을 찡긋거리며 녀석을 불렀다.

"이리 와, 이 녀석아!"

이 마음이 엄마 마음이라면

송산호 작가

몰티즈 특유의 예민함을 고루 갖춘 16년 차 방송작가.
때론 진솔한 글이 삶을 구한다고 믿습니다.

프롤로그

　동네를 반 바퀴 돌았을 때쯤, 먹구름이 모여들기 시작하더니 짧은 굉음과 함께 소낙비가 쏟아진다. 갑자기 만난 빗줄기에 당황한 것도 잠시, 모찌는 코를 벌름이며 오히려 신난 듯 골목을 헤집고 다니려 버둥거렸다. 서둘러 모찌를 품에 안고 걸음을 재촉한다. 그러나 쏟아지는 비를 피할 재간은 없었다. 집에 도착했을 때 모찌와 나는 소낙비 샤워를 이미 마친 상태였다.

세면대에 모찌를 내려놓고 씻기기 시작한다. 비에 흠뻑 젖은 모찌의 털은 흙탕물에 온통 엉켜있었다. 샴푸를 풀어 박박 문지른다. 어릴 때부터 물을 무서워했던 모찌는 '아기공룡 둘리'처럼 혀를 반쯤 내밀고 헉헉대며 나와 눈을 맞춘다. 이제 더는 발버둥 치며 물 밖을 뛰쳐나가려 애쓰지 않는다. 여덟 살 모찌는 내게 몸을 맡기고, 이 시간이 어서 지나가길 기다린다.

비눗물을 다 씻기고 난 뒤 모찌에게 나지막이 말한다. "모찌야, 후드드드! 후드드드 해야지?!" 모찌는 잠시 머뭇거리다가, 이내 후드드드, 온몸을 힘차게 흔들어 물기를 털어낸다. 사방으로 튀는 물방울이 내 얼굴로 튀어 오른다. 드라이기로 모찌의 털을 말릴 때면, 내 머릿속엔 잠시의 잡념도 끼어들 틈이 없다. 수북한 털이 어서 마르길 기다릴 뿐. 모찌의 털이 뽀송뽀송하게 살아날 즈음, 전화벨이 울린다.

"모찌는 잘 있어? 밥은 먹었고?"

전화를 받자마자 모찌의 안부부터 묻는 사람. 엄마다. 모찌가 밥은 잘 먹었는지, 똥은 잘 쌌는지, 어디 아픈 데는 없는지, 엄마의 계속되는 질문에 나는 단답형으로 대충 대답하고 만다.

보통의 모녀가 그러하듯 시시콜콜한 대화가 이어진다. 평범한 일상의 단면처럼 보이는 그 대화의 틈바구니를 비집고 들여다보면 무엇이 있을까? 그 속엔 차마 꺼내지 못한 이야기가 마치 페이스트리 파이처럼 겹겹이 둘러싸여 있을지도 모른다. 툭, 하고 건드리면 바삭, 하고 부서질 것만 같은, 오랜 시간의 상흔이 켜켜이 쌓여간다.

키 큰 나는 유난히 작은 아이였지

"송 작가는 어렸을 때 사랑도 많이 받고, 엄청 행복하게 자랐을 거 같아!"

선배 작가의 말에 난 애써 어색한 웃음을 지어 보였다. 사람 사는 게 다 거기서 거기라지만, 내 유년 시절의 풍경은 안개가 자욱한 길모퉁이 혹은 스산한 새벽 공기처럼 내 안에 드리워 있다.

장녀로 태어난 나는 야무진 성격의 동생과 달리 실수가 잦고 어리바리해 엄마에게 혼나는 일이 많았다. 어렸을 때부터 무척이나 보수적이었던 집안 분위기에 반하는 행동이라도 하는 날이면, 아빠가 등장했다. 짙은 눈썹, 커다란 몸집의 아빠는 한 번 화가 나면 포효하는 호랑이처럼 내겐 무서운 존재였다. 아빠가 회초리를 찾는 순간이 오면, 그 상황을 모면할 방법은 없었다. 종아리를 맞을 때면 손바닥이 닳도록 '잘못했습니다'를 연발했다. 나는 뭘 그토록 잘못했던 걸까.

학창 시절, 글짓기 상장을 받는 날이 많았다. 잉크가 채 마르지도 않은 상장의 빳빳한 모서리가 구겨질세라 두꺼운 교과서에 상장을 고이 넣고 하교 시간만을 기다렸다.

수업이 끝나면, 부리나케 책가방을 메고 육교를 건너서 날아가듯 집으로 향했다.

"엄마, 나 또 상장 받았어!"

한껏 상기된 어조로 엄마를 불러보지만, 엄마의 표정엔 큰 변화가 없다. 내가 자만할까 우려하셨던 걸까? 엄마는 칭찬에 인색했다. 그저 따뜻한 칭찬 한마디가 고팠던 나는 심드렁한 반응에 금세 주눅이 들었다.

첫째 딸에게 기대가 컸던 엄마 앞에서 부족투성이였던 나는 점점 작아졌다. 돌이켜보면 나는 참 착해빠진 딸이었다. 엄마 말이 내겐 법이었고, 그걸 어기는 건 세상 모든 불법을 넘어서는 일이었다. 착하고 순종적인 딸은 대단한 사춘기도 없이 학창 시절을 지나왔지만, 그래도 가끔 못 말릴 때가 있었나 보다. 엄마는 내게 토씨 하나 틀리지 않고 똑같은 문장을 던지곤 했다.

"하여간 착하게 생겨가지고 고집은 드럽게 세!"

고등학생이 되었을 무렵, 내성적이던 성격에 변화가 생겼다. 그 변화의 바람에 물꼬를 튼 건 '서클 활동'이었다. 내가 선택한 건 문학 서클이었다. 어렸을 적부터 유일하게 좋아했던 것이 글쓰기였던 나는 당시 '문학소녀'나 다름없었으니 문학 서클의 일원이 되는 것이 마치 거스를 수 없는 운명이라 느껴질 정도였다. 엄마는 내가 서클 활동하는 것을 못마땅해했다. 공부해야 할 학생이 무슨 글이냐며 시간 낭비라고 하셨다.

당시만 해도 서클 규율이 엄격해서 별것 아닌 일로 집합해 땡볕에서 고개를 푹 숙인 채 선배들에게 혼나는 일이 부지기수였다. 그런데도 나는 좋아하는 글을 쓸 수 있고, 시월에 열리는 '문학의 밤' 축제에 참여할 수 있다는 기대감에 부풀어 마냥 좋았다.

2학년이 되자 선배들은 나를 부장으로 임명했다. 사명감이 어깨에 더해졌다. 후배들을 잘 이끌어가야 한다는 부담감도 있었지만, 잘하고 싶은 설렘이 컸다.

시간이 흘러 문학 서클 활동의 꽃이라 할 수 있는 '문학의 밤' 축제가 다가오고 있었다. 시나 소설 같은 창작 글을 쓰고 서클 멤버들이 매일 같이 빈 교실에 모여 '합평'을 했다. 선배들의 조언으로 글을 고치고 또 고쳤다. 5층 도서관을 낭독회 공간으로 꾸미고, 초청장을 만들고… 수업을 마치기 무섭게 동기, 후배들과 해야 할 일을 하나씩 해결해 갔다.

서클 활동에 대한 엄마의 반대는 점점 심해졌다. 고등학생이 축제 준비한답시고 매일 밤 10시, 11시 넘어서 귀가한다는 게 우리 집 상식에는 맞지 않는 행동이었으니까. 저녁 시간이 되면 '언제 오냐?'는 엄마의 독촉 문자가 계속됐다. 가까스로 할 일을 마치고 서둘러 버스에 오른다. 가로등 불빛을 지나 집으로 돌아갈 때면, 심장이 콩닥콩닥 뛰었다. 역시나 엄마는 화가 나 있었다.

"지금 몇 시야? 학생이 공부는 안 하고 뭐 대단한 거

한다고, 자정에 들어오는 게 말이 돼?"

"엄마, 해야 할 게 있으니까 그렇지. 축제 준비하려면 다 그렇게 해야 한다니까."

"그거 해서 뭐가 남는다고 그렇게 시간을 허비해? 당장 그만둬!"

"안 돼. 내가 부장이라니까."

"내일 가서 선배들한테 빠지겠다고 해! 축제고 뭐고, 하지 마!"

잠을 이룰 수 없었다. 축제 준비로 모두가 구슬땀을 흘리며 달리고 있는데 부장인 내가 빠진다는 건 있을 수도 없는 일이었다.

그날 밤이었는지 그다음 날 밤이었는지 정확히 기억나진 않는다. 방문을 걸어 잠그고 편지지 위에 꾹꾹 눌러 내 마음을 적어 내려갔다. 네 장인가를 꽉 채웠던 것 같은데, 한 줄 써 내려갈 때마다 닭똥 같은 눈물이 뚝뚝 흘러 편지지를 군데군데 적셨다. '축제를 마무리할 수 있게 허락해 주세요'라는 간곡한 부탁이 담긴 편지였다.

현관문 앞에 서 있는 아빠의 커다란 등이 보인다. 조마조마하며 한 걸음씩 아빠에게 다가간다. "아빠, 이따가 읽어." 출근하는 아빠의 조끼 주머니에 반듯하게 접은 편지를 살며시 넣었다. 무뚝뚝한 아빠는 별다른 대꾸 없이 그렇게 출근하셨다. 다음 날, 아빠는 엄마가 보는 앞에서 축제 준비하는 것을 허락해 주셨다. 아빠의 한마디는 우리 집의 공식적인 선포나 다름없었기에 나는 부상의 책임을 다하며 축제를 무사히 마칠 수 있었다. 그렇게 고3이 되어서도 '글'에 대한 열망을 놓지 않았다.

<u>스물 몇 살, 나는 어디로 흘러가고 있었을까?</u>

대학 졸업 후 바로 일을 시작했다. 프리랜서 방송 작가의 일이란 밤낮도, 주말도 따로 없었다. 남들 다 쉴 때, 커다란 노트북 가방을 짊어지고 여의도로 출근했다. 요즘

같은 최저시급제가 무색했던 당시, 80만 원도 채 되지 않던 월급은 새벽 퇴근길 택시비로 휘발돼버리기에 십상이었다. 매주 밤을 꼬박 지새우며 생방송을 준비했다. 온몸이 긴장감에 곤두섰고, 한 편의 방송이 끝날 때까지 전쟁터를 방불케 했다.

한바탕 일을 마치고 집에 돌아오면 손가락 하나도 꼼짝하기 싫었다. 몇 날 며칠째 방 청소를 하지 않는다는 엄마의 따가운 잔소리에도 몸은 좀처럼 움직여지지 않았다. 엄마에게 일이 힘들다고 볼멘소리로 투정이라도 부렸다가는 곧장 후회가 몰려왔다.

"누가 그 일 하래? 그럴 거면 당장 그만둬!"
"아니, 말을 또 왜 그렇게 해? 힘들다고 말도 못 해?"

서운하긴 했지만, 사실 엄마 말이 틀린 것도 아니었다. 그 일은 그 누구도 아닌 내가 선택하고 바득바득 버티며 지금껏 해 온 '내 일'이었다. 자식이 힘들어하는 모습을 보며 좋아할 부모가 어딨겠는가? 엄마는 내 투정에 공감해주기보다는 다그치는 방법을 택했다.

별일 없는 하루, 고단한 하루에도 끝은 있다. 어김없이 아침이 밝아온다. 무뚝뚝한 성격에 표현까지 서툰 우리 가족의 아침은 "잘 잤어?" 한마디 인사를 건네기보다는 서먹하게 하루를 시작하는 '조용한 가족'에 가까웠다. 나와 동생의 머리가 커질수록 가족 간의 대화는 점점 줄어들었고, 집은 마치 '잠만 자는' 공간이나 다를 바가 없어 보였다.

그런 우리 가족의 분위기에 변화가 찾아온 건 귀여운 막냇동생이 생기면서부터였다.

내 작고 소중한 막냇동생, 모찌

4개월도 채 되지 않은 모찌가 우리 가족이 된 그날은 1월 9일이었다. 그래서 이름을 '일구'로 짓자는 의견도 나왔으나, 모찌의 귀여움에 걸맞지 않게 촌스럽다는 이유로 후보조차 오르지 못했다. 맘에 쏙 드는 이름을 짓기 위해 다양한 후보들이 앞다퉈 나왔고, 마침내 동생이 지은 '모찌'가 만장일치로 선정됐다. 산책하다 보면 간혹 모찌의 이름을 묻는 이들이 있다. "모찌예요!"라고 알려주면 반응은 늘 똑같다.

"어머! 정말 모찌처럼 생겼네요!"

모찌에게 '모찌' 그 이상의 이름은 없다. 지금 생각해도 최고의 작명이 아니었나 싶다.

어렸을 때부터 나와 동생은 강아지를 유난히 좋아했다. 길에 돌아다니는 강아지를 보면 눈을 떼지 못했다. 물릴 것 같은 두려움보다 만져주고 예뻐해 주고 싶은 마음이 더 강했다. 그토록 강아지를 키우고 싶었지만, 우리 집에선 쉽게 용납되지 않았다. 보수적인 아빠는 집안에서 강아지를 키우는 것 자체를 완강히 반대했고, 엄마도 개를 썩 좋아하지 않았다. 나중에 듣게 된 엄마의 변론인즉, 아주 오래전부터 '개'라는 존재는 뭔가 '물컹한 생명체'처럼 느껴져 거부감이 컸다고 한다. 그래서 개를 어루만지거나 뽀뽀하는 건 있을 수도 없는 일이었다고…….

개를 좋아하지 않던 집안에 어느 날 갑자기 나타난 작고 귀여운 모찌는 그렇게 우리 가족의 일원이 되었다.

"오늘은 모찌가 똥을 세 번이나 나눠 쌌어!"
"길 가다가 만난 강아지한테 처음으로 짖었어!"
"아까 산책하다가 모찌가 편의점 앞에서 멈춰 서는 거 있지?"

'조용한 가족'이었던 우리 집에 대화 소리가 부쩍 늘었다. 동생과 나, 엄마는 셋이 모이면 모찌 얘기로 시간 가는 줄 몰랐고, 그럴 때면 아빠는 이따금 툴툴대기도 했다.

"어이구! 또 모찌 얘기!"

하지만 아빠 역시 겉으로 표현만 그랬을 뿐임을 잘 알고 있었다. 8년이 지난 지금, 아빠는 자신을 보며 하염없이 꼬리를 흔드는 모찌의 등을 가만히 쓰다듬어 주기도 한다. 물론 적당한 거리를 유지한 채 말이다. 그렇다면, 개가 혀로 핥는 행위를 '극혐'하던 엄마는 어떨까?

"모찌야, 이리 와!"

모찌를 만난 그날 저녁, 엄마는 1㎏도 채 되지 않는 모찌를 두 손으로 안아서 오래도록 눈을 맞췄고, 온기를 품은 작은 생명체가 마냥 신기하다는 듯 조심스럽게 모찌를 어루만졌다. 엄마의 마음을 단숨에 사로잡은 것은 모찌의 치명적인 귀여움이었다.

그 작은 몸집으로 모찌는 거실 바닥에 말려둔 양말을 하나씩 물고 다녔다. 귀엽다고 칭찬한 다음 날부터 모찌의 양말에 대한 애착은 더 강해졌다. 모찌는 소파에 누워있는 엄마의 머리카락을 집요하게 물고 뜯기도 했다. 그 행동이

성가실 법도 한데 엄마는 모찌의 '귀여운 짓'을 한껏 수용해 줬다.

"엄마, 개 싫다며. 모찌는 왜 그렇게 좋아해?"
"모찌잖아! 모찌는 예외야!"

엄마가 TV를 보다가 잠이 들면 그 곁에 기대어 곤히 잠들곤 했던 모찌. '물고 빨고'까진 아니어도 엄마는 그런 모찌를 한껏 사랑해 줬고, 모찌 역시 그런 엄마의 사랑을 느끼고 있었다.

8년 전 우리 집에 온 모찌는 나이 터울 많이 나는 막냇동생처럼, 우리 집에 없어선 안 되는 존재가 돼 있었다. 소파 밑에 기어들어 갔다가 나오지 못해서 끙끙대던 모찌를 꺼냈을 당시만 해도, 모찌가 이렇게 나이를 먹게 될 줄은 몰랐던 거 같다. 동생이 결혼하고, 몇 해가 지나 내가 독립하기 전까지 모찌는 본가에서 지냈다. 가족의 평범하고 즐거운 일상에도, 서로를 아프게 하며 삐그덕거리는 순간에도, 모찌는 우리 곁에 있었다.

엄마와 딱히 좋지도, 그렇다고 너무 나쁘지도 않았던 사이가 심하게 틀어지는 일이 벌어지고야 말았던 그날도 모찌는 곁에서 그 커다란 눈망울로 가만히 나를 위로해줬다.

마음이 산산조각 났던 그날

늦은 저녁, 안방에서 멍하니 TV를 보고 있었다. 그러다가 고개를 돌려보니, 엄마가 내 앞에 장승처럼 서 있었다. 백 마디 말보다 더 강력한 엄마의 싸늘한 시선이 나에게 빗발치고 있었다. 엄마의 손에 들린 한 장의 종이가 눈에 들어온 순간, 나는 얼어붙고야 말았다.

"네가 나를 속여? 이거 뭐야?"
"……."

"언제부터야? 언제부터 다시 만난 거야? 대답 안 해?"

그 순간, 나는 절대 해선 안 되는 배신을 저질러 버린 나쁜 딸이 돼 있었다. 엄마 손에 들려있던 그 종이는 몇 해 전, 남자친구가 써준 생일 카드였다. 한 글자 한 글자 꾹 꾹 눌러쓴 손 편지에 감동했던 순간이 잠시 눈앞을 스쳐 갔다. 책장 깊숙이 숨겨놓은 것을 엄마는 또 어떻게 찾아낸 걸까. 화가 잔뜩 난 엄마는 나를 노려보며 소리쳤다.

"아직도 안 헤어졌어? 지금 장난해?"
"……."
"빨리 말해! 앞으로 어떻게 할 거야?"
"……."

나는 고개를 떨궜다. 영화에서 보면 버튼 하나를 눌러 과거든 먼 미래든 순간이동도 잘하던데……. 내 주머니에도 그 작은 버튼 하나가 있었더라면, 주저 없이 눌렀을 거다. 그러나 내가 그 순간 할 수 있는 일이라곤 벌벌 떨며 마른침을 삼키는 일뿐이었다.

'찌익! 북! 칙! 칙!'

엄마는 내 앞에서 편지를 갈기갈기 찢기 시작했다. 순식간에 벌어진 일이었다.

"잘못했어요. 잘못했어요!"

거침없는 엄마의 손놀림에 조각난 편지는 방바닥 노란 장판 위로, 꽃잎도, 낙엽도 아닌 것이 서글프게 내려앉았다. 저항할 힘이 있다면 막았겠지만, 어릴 적부터 몸에 새겨진 것처럼 엄마의 말을 거역한다는 건 상상도 할 수 없었다. 나는 소리 없이 왕방울만 한 눈물만 뚝뚝 떨구었다. 가슴 한구석이 아려왔다.

"다시는 안 만날게요! 잘못했어요, 엄마."

모든 상황에는 예상 가능한 전개라는 게 있다. 살얼음판 같던 그 상황의 후반부에 접어들었을 때, 내가 반드시 해야만 하는 말은 그게 전부였다. 눈물과 콧물로 범벅이 된 나는 남자친구를 다시는 안 만나겠다는 말을 입 밖으로 꺼내야만 했다. 그래야만 이 살벌한 전쟁을 일단락 짓고, 비로소 잠자리에 누울 수 있었다.

　심장이 얼어붙고 산산조각 나는 것만 같았던 그날 새벽. 베갯잇은 쉼 없이 눈물로 젖어 들었다. 매일 소리 없이 울다가 지쳐서 잠이 들었고, 아침이면 또 아무렇지 않은 일상이 시작됐다.

　잠잠하다가도 한 번씩 엄마의 의심은 집채만 한 화가 되어 내게 던져졌다. 그때마다 심장은 쪼그라들고 불안은 내 몸뚱이의 수십 배로 불어나 나를 짓눌렀다. 불을 끄고 몸을 웅크린 채 눕는다.

　또다시 숨죽여 울고 있을 때, 내 가슴팍에 다가와 몸을 바짝 기대는 아이. 모찌였다. 집에서 일어나는 모든 상황엔 모찌가 있었다. 엄마가 나를 향해 비난 섞인 어조로 소리를 내지를 때, 내가 꿀 먹은 벙어리처럼 아무 말도 못 하고 눈물만 뚝뚝 흘리고 있을 때. 모찌는 엄마와 나 사이에 앉아 우리를 번갈아 바라봤다.

물끄러미 나를 바라보던 모찌의 눈망울을 잊지 못한다. 까맣고 커다란 눈동자에는 이러지도 저러지도 못하는 당혹스러움과 걱정이 잔뜩 고여 있었다. 모찌 앞에서 나는 바보 칠푼이 같은 언니였다. 만날 혼나고 잘못만 하는 바보 똥개 같은 언니. 그게 나였다. 그런 못난 언니를 모찌는 가만히, 한마디 말도 없이 언제나 위로해 주었다. 모찌가 없었다면 더 견디기 힘든 나날이었다.

그 한마디가 어려워서

모찌와의 산책은 이제 숨 쉬듯 자연스러운 일상이 되었고, 여느 강아지들이 그렇듯 모찌도 산책을 좋아한다. 산책 준비라도 하면 귀신같이 알아차리고 먼저 일어나서 나 한 번, 현관문 한 번 번갈아 보며 재촉한다.

"알았어, 모찌야. 조금만 기다려. 배변 봉투만 챙기면 돼."

그렇게 보채서 서둘러 나섰건만, 몰티즈 특유의 예민하고 앙칼진 성격을 고루 갖춘 모찌는 길지 않은 산책길에도 몇 번이나 '쫄보'가 된다. 벌써 몇 년 전, 첫 산책 때도 마찬가지였다.

기초 예방 접종을 모두 마치던 날, 모찌를 데리고 설레는 첫 산책길에 나섰다. 그리고 얼마 지나지 않아 모찌가 여느 개들과 조금 다르다는 걸 알게 되었다.

산책하다 보면 모찌처럼 산책 나온 개들을 여럿 만나게 된다. 개들은 처음 만나더라도, 사람들이 반갑다고 인사를 나누듯이 서로에게 다가가 엉덩이 냄새를 맡는다. 항문낭 냄새를 통해 서로의 '견적 사항'을 파악하는 것은 개들의 지극히 평범한 본능이다.

그런데, 모찌는 아가 때부터 다른 강아지의 엉덩이 냄새를 맡은 적이 없었다. 길에서 마주친 개가 먼저 적극적으로 다가오면, 모찌의 꼬리는 두 뒷다리 사이로 말려들어갔다. 그러다가도 안 되겠으면 두 발로 종종걸음 하며 내게 안아달라는 눈빛을 보냈다. 집에선 천방지축 같은 모찌지만, 밖에서 다른 개들을 만나면 이렇게 어김없이 '쭈그리'가 돼버린다. 사회성이 떨어지는 것처럼 보이는 소심함은 시간이 지나도 한결같았다.

모찌를 끌어안고, 개들이 없는 곳으로 걸음을 옮긴다. 공원 벤치 위에 나란히 앉아서 모찌와 눈을 마주친다. 그러다가 문득 그런 생각이 들었다.

'모찌가 겁 많은 나를 쏙 빼닮았구나.'

내겐 너무 좋은 사람

 20대 후반, 좋은 사람을 만났다. 같이 있으면 내 몸에 잘 맞는 옷을 입은 것처럼 마음이 늘 편했다. 엄마의 완강한 반대는 예상했던 대로였다. 엄마의 마음을 이해하지 못하는 건 아니다. 전셋집을 전전하며 팍팍하고 서러운 세월을 견뎌야 했던 엄마. 술에 취해 비틀거리는 아빠를 대신해 더 강해지고 독해져야 했던 만큼 자식들은 자신처럼 힘든 삶을 살지 않길 바랐으리라.

 그렇게 자식을 사랑하기에 모질 수밖에 없던 엄마에게도, 걱정스러운 눈빛으로 나를 위로하던 모찌에게도 미안하지만, 나는 남자친구와 헤어질 수 없었다. '드럽게 센 고집'으로 나는 그 사람과의 인연을 몰래 이어 나갔다.

 그 사람은 내겐 너무 좋은 사람이었다. 전쟁 같은 방송을 털고, 다크서클이 짙게 내려앉은 얼굴로 그를 만나고서야 비로소 숨통이 트이는 것만 같았다.

"고생했어!"

천 마디의 말보다 더 따뜻한 그의 눈을 보고 있노라면 자신을 옥죄던 단단한 밧줄이 풀어지는 것만 같았다. 고백하건대, 나는 유난히 감정 기복이 심했다. 그는 며칠에 한 번꼴로 아이처럼 칭얼대는 나를 다독여 주고, 내 이야기를 차분히 들어줬다. 자신을 탐탁지 않게 여기는 엄마에 대한 그의 모습을 보면 나는 미안함과 동시에 고마운 감정이 함께 올라오곤 했다. 내가 엄마에 대한 서운함을 토로할 때면 그는 언제나 차분한 어조로 말했다.

"엄마는 그럴 수 있어. 아무리 그래도 엄마를 미워하면 안 돼!"

만년 울보였던 나를 웃게 해 준 고마운 사람이었다. 그 사람을 만나는 건 단순한 연애를 넘어서 진짜 내 모습을 되찾는 일이기도 했다. 있는 그대로 내 모습을 너그럽게 봐주는 그 사람 덕분에 안도할 수 있었으니까. 그 사람은 내게 젊은 시절 한낱 불장난 같은 사랑이 아닌, 평생 함께 늙어가고 싶은, '인생 친구'다. 그 생각은 조금도 변함이 없다.

그렇게 엄마를 속인 연애는 계속됐다. 그 누가 부모를 속이고 몰래 연애하고 싶겠냐마는 엄밀히 말해서 '속여야만' 지속 가능한 연애였다. 엄마와 눈을 맞추고 내 연애를 이야기한다는 것은 상상조차 할 수 없는 일이었다. 엄마에게 솔직해지는 순간, 거대한 태풍이 마을을 송두리째 휩쓸고 가듯 결국 아무것도 남지 않는다는 것을, 깊은 상처만 남는다는 것을 너무 잘 알고 있기 때문이다.

우리 집이 지켜왔고 앞으로도 지켜야 할 순리에 반기를 드는 행위나 다름없었으니까. 내 맘대로, 내 목소리를 낸다는 건 가당치 않은 일이었다.

언젠가 마음이 잘 맞는 선배에게 고민을 털어놓은 적이 있다. 나와 성격이 정반대인, 거침없이 할 말 다 하는 시원시원한 성격의 선배가 내게 말했다.

"야! 뭘 망설여? 당당하게 밀어붙여! 네 인생이잖아!"
"……난 못 해. 그게…… 어려워."

나라고 그런 결심을 하지 않았던 건 아니다. 몇 번이고 '오늘은 꼭 엄마한테 당당히 말할 거야!' 결심하고 또 결심했다. 하지만 끝내 입 밖으로 그 한마디를 꺼내지 못한 채 어느덧 10년이라는 시간이 지났다.

그 10년 동안도 우리 집은 그럴싸한 평화가 유지되는 듯싶다가도 엄마의 의심이 부풀어 올라 풍선처럼 터지는 날이면 한 번씩 발칵 뒤집혔다. 그때마다 마음속 한구석에서는 '지금이야! 어서 네 마음을 말해!'라는 목소리가 들려오지만, 내 입에서 나오는 말이라고는 "잘못했어요! 다시는 안 그럴게요"가 전부였다. 마치 예상치 못한 상황에 부딪혀 순식간에 얼음이 되어버린, 두 뒷다리 사이로 꼬리를 말아 넣고 애처로운 눈으로 나를 올려다보는 모찌처럼…….

그렇게 몇 년에 한 번씩, 나는 죄인으로 떠올랐고, 낙인은 깊게 파였다. 말로 다 못 할 무수한 눈물의 시간은 평범한 일상에 파묻혀 무심하게 흘러갔다.

모찌야, 언니가 미안해!

"모찌야, 잘 있었어?"

독립 후 약 6개월간 엄마는 이모와 함께 수시로 찾아왔다. 현관문이 열리기 무섭게 반갑다며 꼬리 치는 모찌. 엄마와 이모는 번갈아 가며 모찌를 안아준다.

엄마가 내 집을 자주 방문한 이유가 모찌 때문만은 아니다. 방 청소 하나 제대로 못 했던 딸이 혼자 어떻게 살 수 있겠냐는 미덥잖은 마음과 걱정이 컸기 때문이리라. 몸만 떨어져 나왔을 뿐, '온전한 독립'이란 내게 참 어려운 일이다. 그렇다고 먼 길 운전해서 찾아온 엄마를 밀어낼 수도 없었다.

표면적으로나마 독립한 후로는 엄마와의 숨 막히는 갈등의 밤이 한동안 없었기에 그럴싸한 평화가 유지되는 것처럼 보였다. 잠시나마 불안을 거둘 수 있었지만, 모든 것을 덮고 가릴 순 없었다.

지난해 여름이었다. 엄마는 옥상 작은 텃밭에서 따 왔다며 상추와 풋고추를 가져왔다. 엄마와 집 근처에서 저녁을 먹고, 모찌 산책 겸 우리는 한강공원으로 향했다.

화창한 날씨의 주말 오후, 예상대로 인파가 대단했다. 모찌는 신나서 앞질러 나갔고, 하네스를 잡고 있던 내 몸도 앞으로 쏠렸다. 그렇게 수많은 사람 사이를 엄마와 나와 모찌가 나란히 걸었다. 별 대화도 없이 약간의 거리를 두고 걷는 우리 곁으로 사람들의 웃음소리가 끊이지 않는다. 엄마에게 커피를 사 오겠다고 말하고, 모찌를 맡긴 채 빠져나왔다.

끝도 보이지 않는 커피 줄을 기다리며 내 얼굴은 점점 굳어졌던 것 같다. 여러 커플의 애정 어린 눈빛과 달콤한 대화가 나를 둘러싸기 시작했다. 그들의 지극히 평범한 행복의 숨결이 나를 옴짝달싹도 못 하게 칭칭 휘감았다.

커피를 사 들고 엄마가 있는 곳으로 향했다. 한강 둔치엔 이미 사람들이 빼곡히 앉아 있었다. 엄마는 그 틈바구니에서 모찌를 가슴에 품고 신기하듯 주변을 두리번거리고 있었다. 엄마 곁으로 다가가 커피를 내밀었다. 엄마 옆에 앉았지만, 시선은 반대쪽으로 향했고, 내 입은 굳게 닫혀 있었다. 엄마는 나의 갑작스러운 감정 기류를 느꼈는지 당황한 것 같았지만, 애써 아무렇지 않은 듯 모찌를 쓰다듬었다. 서로 아무 말도 하지 않았다. 사람들의 재잘거림과 커플들의 달달한 분위기 속에서 난 점점 숨이 막혀왔다.

'난 도대체 여기서 뭘 하는 거지?'

너무도 당당하고 행복하게 서로 사랑하고 연애하는 사람들의 물결에 휩쓸린 순간, 10년이 넘도록 엄마 앞에서 아무 말도 못 하고 죄인으로 살아온 내 가슴 깊은 곳에서 숨죽이고 있던 뜨거운 울분이 터져 나왔다.

"집에 가!"

치밀어 오르는 눈물을 간신히 참으며 차갑게 말했다. 먼저 자리를 박차고 일어선 나는 모찌의 하네스를 당기면서 앞서나갔다. 그런데 모찌가 좀처럼 말을 듣지 않는다. 걸음을 멈추고 안 가겠다고 안간힘을 쓴다. 뒤에서 멀찍이 걸어오는 엄마가 눈에 걸렸는지, 자꾸만 뒤를 돌아보며 힘주어 버틴다. 순간 어느 것 하나도 내 맘처럼 되는 게 없다는 생각에 화가 치민 난 그만 모찌에게 다가가 그 작은 엉덩이를 손바닥으로 찰싹 때렸다.

"왜 이렇게 말을 안 들어! 응?"

엄마는 놀란 눈으로 나를 봤지만, 나는 보란 듯이 모찌를 또 한 번 때렸다. 모찌는 어리둥절한 표정으로 나와 엄마를 번갈아 보았다. 나는 엄마의 눈을 피한 채 하네스를 엄마에게 넘기고는 뒤도 돌아보지 않고 빠른 걸음으로 걸어갔다. 뜨거운 눈물이 차올랐다. 평범한 주말 오후, 사무치게 외롭고 원통한 것은 나뿐이라는 생각에 사방이 벼랑처럼 느껴졌다.

'난 언제까지 이 모양으로 살아야 하는 걸까? 이렇게 사는 게 대체 무슨 의미지?'

심장 언저리가 욱신거렸다.

엄마와 나의 거리는 점점 멀어졌고, 내가 집에 도착하고 잠시 후에야 엄마가 모찌와 함께 돌아왔다. 화장실에 들렀다가 물 한 컵을 마신 엄마는 이내 갈 채비를 한다.

"나 이제 갈게. 모찌야, 잘 있어!"
"……."

엄마는 모찌에게 애써 밝은 목소리로 인사를 건넸지만, 여전히 당황스러움을 떨치지 못한 채 신발에 발을 구겨 넣었다. 엄마의 차가 후진하는 동안 나는 모찌를 안고 먼 곳만 바라봤다. 그렇게 엄마의 차는 조용히 골목을 빠져나갔다.

자려고 누웠지만, 뒤척임과 깊은 한숨이 계속해서 새어 나왔다. 엄마가 원망스러웠고, 겁에 질려 어떤 시도도 못 하고 나이만 먹고 있는 자신이 한심하게 느껴졌다. 언제부턴가 나 자신이 죽도록 싫었다.

'난 왜 이 모양인 걸까?'

또다시 눈물이 터져 나왔다.

그때, 모찌가 다가왔다. 몇 초간 나와 눈을 마주치더니 앞발로 나를 툭 하고 건든다. 모찌의 등에 가만히 손을 얹었다가 두 팔로 감싸 안았다. 모찌를 껴안자, 눈물이 새어 나왔다. 모찌의 따스한 온기가 내 가슴을 흠뻑 적신다. 인절미처럼 말랑거리는 배는 여전히 따뜻하다.

모찌는 눈물로 흠뻑 젖은 내 뺨을 혀로 핥아주었다. 내 슬픔을 모조리 씻겨 주려는 걸까? 꼭꼭 숨겨 둔 눈물보가

터지기라도 한 듯 소리 내어 펑펑 울고 말았다. 답답할 법도 한데, 모찌는 내게 몸을 기댄 채 그대로 가만히 있어 줬다. 모찌의 작은 숨결이 '언니, 울지 마'라고 나지막이 속삭이는 것 같았다.

바보같이 미련한 언니에게 아낌없는 온기를 나눠주는 내 작은 모찌. 그 온기가 내겐 더없이 큰 위로였다. 내 곁에 모찌가 없었다면…… 난 어떻게 됐을까?

'모찌야, 언니가 너무 미안해!'

나이 든 당신을 봅니다

다음 날 아침, 모찌의 사료를 챙긴다. 입이 짧은 모찌는 밥그릇에 사료만 주면 잘 먹지 않는 까닭에 항상 토핑용 간식을 갖춰 둔다. 바싹 구워진 황태 살을 얇게 찢어 사료 위에 솔솔 뿌려준다.

"모찌야, 밥 먹어! 옳지!"

모찌는 코를 벌름거리며 기다렸다는 듯이 사료를 먹기 시작한다. 그 옆에 우두커니 앉아서 모찌를 바라본다. 밥그릇에 얼굴을 파묻고 사료를 먹는 모찌가 한 번씩 뒤를 돌아 나와 눈을 마주친다.

사료를 순식간에 다 해치운 모찌는 사료 그릇 옆에 있는 물그릇으로 다가가 물을 들이켠다. 배부른 얼굴로 뒤를 돌아 나를 본다.

'언니, 밥 잘 먹었어. 멍!'

흥건히 젖은 턱밑으로 물방울이 뚝뚝 떨어진다. 나는 손으로 모찌의 턱에 고인 물기를 닦아준다. 모찌가 밥을 한 알도 남김없이 잘 먹었을 때, 그렇게 기분이 좋을 수가 없다.

반려동물을 키워본 적 없는 사람은 쉽게 이해할 수 없는, 보호자만이 느끼는 비슷한 질감의 감정이 있다. 자신이 키우는 반려동물을 마치 '내 아이'처럼 바라보는 시선이다. 나는 모찌가 밥을 잘 먹을 때, 시원하게 똥을 잘 쌀 때, 쌔근쌔근 자는 모습을 볼 때 기분이 좋고 뿌듯함을 느낀다. 모찌를 감싸 안고 마냥 예뻐하는 나를 보며 언젠가 엄마가 말했다.

"모찌한테도 저 정도인데, 제 자식새끼 낳으면 난리가 나겠네!"

조금 과장해서 말하자면, '배 아파 낳은 자식이 싼 똥은 냄새가 나도 예뻐 보인다'는 옛말이 어떤 뜻인지 모찌를 키우며 알게 되었다. 그렇다면 엄마에게도 우리 자매는 얼마나 소중하고 귀한 존재란 말인가?

세 살 터울이었던 동생은 어렸을 때부터 유난히 입이 짧아 좋아하는 반찬이 없으면 밥을 먹다 말고 제 방으로 들어가 버렸다. 하루는 엄마가 동생의 짧은 입을 탓하다가, 소처럼 묵묵히 밥을 먹는 날 보며 말했다.

"너는 어렸을 때부터 반찬 투정한 적이 정말 한 번도 없었어. 간장 하나만 있어도 잘 먹었을 거야."

그러고 보니 나는 지금까지 반찬 투정을 해본 적이 정말이지 단 한 번도 없었다. 식탁에 차려진 게 뭐든 불만 없이 먹었다. 그렇다고 대단한 고마움을 느낀 적도 없었다.

엄마는 가만히 있어도 땀이 물처럼 흐르는 한여름에도, 이불 속에서 그저 몸을 웅크리고만 싶었던 한겨울에도 어김없이 가족을 위해 밥을 지었다. 압력솥에서 밥 냄새가 진동할 때까지 엄마의 손은 쉬지 않고 움직였다. 여름이면 오이지를 먹기 좋게 썰어 냉수와 함께 담았고, 그 위에 고소한 깨와 청양고추를 얹었다. 바닥이 까맣게 타버린 낡은 프라이팬에 고등어를 굽고 뒤집는 사이 집안엔 맛있는 냄새가 가득 찼다. 그렇게 정신없이 밥상을 준비했던 엄마도, 엄마가 차려낸 밥상도 그땐 그저 당연한 일이었다. 나는 주는 밥을 군말 없이 잘 먹을 뿐이다. 그렇게 엄마가 해 준 밥을 먹고 나는 키도 몸무게도 평균 이상으로 튼튼하게 자랐다.

    엄마는 정성껏 차려준 밥을 쌀 한 톨 남기지 않고 싹싹 긁어먹던 나를 보며 잠깐이라도 행복감을 느꼈을까? 사료를 남김없이 먹고 물까지 마신 모찌를 보면서 뿌듯해하는 나처럼? 어쩌면 그보다 더 깊고 짙은 마음이었을지도 모르겠다.

내 모습에 겹쳐 보이는 엄마 모습

    2년 전 겨울이었다. 본가에 잠시 맡겼던 모찌가 돌아왔는데, 엄마는 모찌의 움직임이 좀 이상하다고 했다. 모찌를 바닥에 내려놓고 지켜봤다. 한두 걸음을 떼더니 그대로 주저앉는다. 다시 일으켜 세웠다. 모찌는 또 한 걸음 걷다가 옆으로 픽 쓰러졌다. 뒷다리에 힘이 모두 빠져나간 듯 힘을 쓰지 못했다. 힘없이 누운 모찌 곁을 지키며 어쩔 줄을 몰랐다.

'모찌가 앞으로 걷지 못하면 어떡하지?'

뜬눈으로 밤을 지새우고 다음 날 대형 병원으로 향했다. 병원 로비에는 여러 마리의 개들이 보호자의 품에 안겨 있었다. 뒷다리에 붕대를 칭칭 감싸고 있거나, 한눈에도 나이가 꽤 있어 보이는 노령견이 대부분이었다.

초조한 마음으로 대기를 하고 있다가 드디어 차례가 왔다. 정밀 검사가 진행됐고, '하지 마비 2기'를 진단받았다. 3기까지 진행됐다면 수술이 불가피했지만, 다행히 2기여서 통원으로도 충분히 치료 가능하다는 말씀에 하늘이 우리를 도왔다고 생각했다. 천만다행이었다.

그렇게 매주 동생과 함께 모찌를 데리고 내원하면서 치료를 시작했다. 병원비가 만만치 않았고 신경 써야 할 것들은 많았지만, 그건 중요한 게 아니었다. 모찌가 다시 건강하게 걸을 수만 있다면…….

몇 달에 걸친 통원 치료와 보살핌 끝에 모찌의 증상은 눈에 띄게 호전됐다. 그리고 그 무렵부터 모찌가 어디 아프거나 불편하진 않은지 유심히 살피는 일이 늘었다. 모찌도 이젠 한두 살배기 마냥 귀여운 '댕댕이'가 아니다. 점점 나이가 들고 노화되는 것이 조금씩 보이기 시작했다. 흑구슬처럼 까맣던 눈동자에는 해가 바뀔수록 뿌연 색이 끼어들기 시작했다. 개들도 노령이 되면 백내장에 걸리기 쉽고 심각할 경우 시력을 잃을 수도 있단다. 그런 우려 때문인지 한 번씩 모찌 눈을 뚫어져라 들여다보며 나름의 점검을 하는 게 습관이 되었다.

나이 든다는 것. 개나 사람이나 피할 수 없는 숙명과도 같은 일이 아닐까. 내 곁을 지키는 작은 모찌는 어린 댕댕이 시절에 비해 체력도 약해지고 잠도 늘었다. 그리고 또 하나. 잊고 있었지만, 그 곁에서 나도 나이를 먹었고, 저만치에 계신 엄마도 세월을 이기지 못했다.

늘 건강할 것만 같던 엄마는 장거리 운전을 하거나, 신경 쓸 일이 많으면 어김없이 몸살을 앓았다. 작년에 이어 올해까지 '통증의 왕'이라 불리는 대상포진을 세 차례나 겪었다. 엄마가 아프다는 소식을 들으면 걱정되면서도 한

편으론 화가 났다. 약해지는 엄마가 낯설어서일까, 아니면 아픈 엄마를 받아들일 수 없기 때문일까. 엄마는 늘 위풍당당, 건강할 줄만 알았는지도 모르겠다.

유년 시절부터 잔병치레가 많았던 나는 곧잘 체했다. 오밤중에 체증이 올라와 잠에서 깨어 한바탕 게워내고 나면 어김없이 엄마를 깨웠다. 잠에서 덜 깬 엄마는 몸을 일으켜 습관처럼 반짇고리를 가져와서는 내 등을 세게 두드리기 시작한다. 그러다가 내 명치 끝을 꾹꾹 누른다. 찌릿한 통증이 느껴진다. 부스스한 사자머리의 엄마는 졸린 눈으로 바늘귀에 실을 통과시킨 후 내 엄지손톱 아랫부분을 실로 돌돌 말기 시작한다. 나는 눈을 질끈 감는다. 엄마가 바늘로 손을 따면 막혀있던 검붉은 피가 그렁그렁 고였다. 엄마는 내 팔을 연신 두드리며 마사지해 준다. 그렇게 양손 엄지를 모두 따고 지쳐서 누우면 아침까지 푹 잘 수 있었다.

오늘도 모찌의 몸에 이상이 없는지 꼼꼼히 살피면서

나는 또다시 엄마를 생각한다. 한평생 묵묵히 가족들을 위해 밥을 짓고 고된 일도 마다하지 않느라 투박해져 버린…… 가을 끝자락, 바닥에 뒹구는 후박나무잎처럼, 바람결에 금방이라도 바스락거리며 부서질 것만 같은 그 메마른 잎사귀처럼 푸석푸석하고 거칠어진 엄마의 손을 생각한다. 나는 단 한 번도 그 손을 따뜻하게 잡아드린 적이 없다. 그렇게 우리의 시간은 쉼 없이 흘러가고 있었다.

상처는 아물고, 새살은 돋아날 거야

일을 해치우고 나면, 내 몸은 그야말로 만신창이가 됐다. 조금 쉬면 컨디션은 더디게라도 회복되는 것 같았지만, 마음 상태는 그렇지 못했다. 엄마에게 여전히 남자친구의 존재를 숨긴 채 지내야 하는 나날이 쌓일수록 마음 구석에 멍울이 점점 커지는 것만 같았다. 언제부턴가 혼자서 우는 날이 늘었다. 흐느끼며 한참 울다가, 눈물을 닦고 또다시 일을 했다. 사람들을 만나면 언제나 아무렇지 않은 척, 행복하고 씩씩한 척했다. 그렇게 아무도 눈치채지 못하는 단단한 가면을 쓰면 쓸수록, 나는 점점 시들어 가고 있었는지도 모르겠다.

몇 개월 전, 오랜 고민 끝에 예약하고 신경정신과를 찾아갔다. 만성적 우울증 진단을 받았다. 불안이 심하고 그로 인한 부정적 감정의 제어가 잘되지 않아 자존감 역시 바닥인 상태로 나타났다. 오랜 상담 끝에 약물치료를 시작했다.

매주 내원해 상담받으면서 내 안에 곪아있던 것들을 하나씩 꺼내 보기 시작했다. 나는 왜 그토록 엄마 앞에서 쩔쩔매며 나를 숨기고 살아왔던 걸까? 엄마에게 내 목소리를 내는 게 두려워서 피하기만 했던 걸까? 스스로에 대한 자책이 몰려왔다. 그러다가 어느 순간 또 다른 생각이 들었다. 엄마가 나를 낳았을 때, 옹알이하던 나를 보며 어떤 생각을 했을까? 분명 딸이 앞으로 건강하고 행복하기를 바라고, 또 염원하지 않았을까?

나는 내 인생을 살아야 한다. 타인의 기분을 맞추며 숨죽이던 것을 멈추고 이제 나로 살아야만 한다. 엄마가 끝끝내 싫다고 하더라도, 결코 포기할 수 없는 '내 삶'이라는 결론에 다다랐다. '진짜' 나를 되찾아야만 내가 온전히 숨 쉬고 살 수 있다는 것을 깨달았다.

엄마, 돌다리, 나

"엄마, 드라이브 갈까? 모찌랑 산책하러 가자!"

일요일 오후, 엄마에게 전화했다. 엄마는 기다렸다는 듯 차를 끌고 집 앞에 도착했다.

나는 엄마가 좋아하는 진한 드립 커피와 간식거리를 챙겨서 옆 좌석에 탔다. 엄마가 좋아할 만한 분위기 좋은 노래를 재생시키고, 모찌와 셋이 드라이브한다. 모찌는 차창에 몸을 기댄 채 온몸으로 바람을 맞는 것을 좋아한다. 그러다가 운전하는 엄마 곁으로 가서 무릎에 얼굴을 맞대기도 한다. 운전하면서 모찌의 등을 어루만지는 엄마의 옆모습을 힐끗 바라봤다. 나는 여전히 마음에 품고 있는 말을 꺼내지 못하고 있고, 우리 모녀에겐 아직 넘어야 할 언덕이 남아있다.

차로 한참을 달려 북한산 근처 한적한 곳에 도착했다. 주차 후 물소리를 따라 걷기 시작한다. 난 평소에 모찌 산책시킬 일이 드문 엄마에게 하네스를 넘긴다. 엄마는 모찌의 빠른 걸음을 따라가려고 애쓴다. 그 뒤를 조용히 따라간다. 옆으로 흐르던 개울에 가까이 다가갈수록 물소리는 커졌다. 머릿속이 복잡할 때, 가만히 물소리를 듣는 것만으로도 기분이 나아진다. 나는 잠시 일 생각도 내려놓고 물길 따라 걸었다.

얼마나 걸었을까. 눈앞에 돌다리가 나타났다. 개울 사이에 놓인 크고 작은 돌다리. 모찌의 반응이 궁금해진 우리는 돌다리를 건너보기로 했다. 엄마가 앞장서서 하나를 건넌다. 모찌는 이러지도 저러지도 못하고 주춤하고 있다. 아무리 이름을 부르고 손짓해도 건너올 기미가 보이지 않는다. 그런 모찌에게서 순간 내 모습이 보였다. 나는 지난 10년 동안 나와 엄마 사이에 놓인 돌다리를 단 하나라도 건넌 적이 있을까?

'모찌야, 힘을 내! 할 수 있어!'

모찌에게도 시간이 필요하다. 엄마와 나는 더 이상 재촉하지 않고 기다렸다. 그리고 잠시 후, 몇 번을 망설이던 모찌는 몇 걸음 뒤로 물러서더니, 결심이 선 듯 앞으로 걸음을 내디뎌 폴짝 뛰었다. 그렇게 흐르는 물을 건너 두 번째 돌다리에 착지한 모찌! 처음의 두려움을 극복한 모찌는 점점 힘을 내어 세 번째, 네 번째 돌다리도 가뿐히 건넜다.

"모찌야, 잘했어!"

모찌의 용기가 새삼 기특한지 얼굴에서 미소가 떠나지 않는 엄마를 보며 이제 내가 용기를 낼 차례라는 걸, 머지않아 내 앞에 놓인 크고 작은 돌다리를 건너야만 한다는 걸 깨닫는다. 못난 언니가 되기 싫어서라도 나 역시 용기를 내야 한다.

엄마와의 관계는 여전히 폭풍전야다. 언제 어떻게 터질지 알 수 없지만, 더 늦어지기 전에 엄마에게 내 진심을 전해야 할 때가 오고 있다. 힘겨운 시간의 강을 건너고 나면, 엄마와 나 그리고 모찌는 어떤 모습으로 만나게 될까? 그날의 풍경을 조심스럽게 그려본다.

7월 24일생

엄서영 작가

30년 차 인테리어디자이너이자,
사주 명리와 풍수지리로 세상을 배우고 가늠하는 운 밸런스 멘토.
그동안 해 온 인테리어 일보다
글 쓰는 게 좋아서 작가가 되기로 결심한 우아한 노가다.
3살 된 탄이 엄마로 반려 동물과의 생활은 처음이지만,
탄이 같은 모범생을 만나 여유 있고 행복한 삶을 누리고 있다.
마당 넓은 집에서 탄이와 함께 나이 들어가며
글 쓰는 작가로 유유자적 살고 싶은 꿈이 있다.
저서로는 〈엄마가 보고 싶은 날엔 코티분 뚜껑을 열었다〉
〈부의 운 밸런스〉가 있다.

서당 개? 현장 개!

"탄! 어야 가자!"

어린 시절부터 외출이나 산책을 '어야'라는 단어로 가르친 이후, 탄이는 산책이나 외출보다 어야라는 단어에 반응한다.

출근 준비를 하던 나를 향해 애처로운 눈빛을 보내던 탄이가 이내 잰걸음으로 소파 위 계단에서 내려와 현관 앞에 선다. 신발장 문을 열고 탄이의 목줄을 고른다. 어릴 때는 가슴줄을 사용했는데 탄이가 점점 자라며 힘도 세지고 움직임이 커져 벗겨지는 사고가 있었다. 그 후로는 튼튼한 목줄을 이용한다. 다리까지 들어 올리며 나를 도와주던 탄이는 이내 신나는 몸짓으로 꼬리를 흔들고 나에게 뽀뽀까지 해 준다. 탄이의 외출용 가방에 애착 인형 '튼튼이'와 사료, 간식과 배변 봉투, 그리고 패드 몇 장까지, 챙기다 보니 이내 묵직하다.

"탄! 오늘은 엄마랑 출근하는 거야! 알았지?"
"멍멍!"
"현장에서 말썽 피우면 안 돼!"
"멍!"

탄이는 대답이라도 하듯 내 눈을 보며 우렁차게 짖는다! '현장'이라는 단어를 알아듣는지 모르겠지만, 일단 나랑 나가는 게 신나는 모양이다!

지난주에 시작한 사무실 현장은 오늘부터 도장 공사가 시작된다. 목공사가 끝나면 다음 공정이 시작되기 전 현장 잡자재와 먼지, 분진 등을 1차로 청소해야 한다. 세워놓은 목공 벽체의 문제점을 파악하며 퍼티 작업을 해야 하기 때문이다. 어제 폐기물과 함께 현장 청소가 끝났다. 그래서 오늘은 탄이가 현장을 활보해도 괜찮을 정도로 깨끗하다.

더구나 오늘은 토요일. 주변 눈치 보지 않고 사무실과 현장을 오가며 탄이와 하루를 보낼 수 있다. 얼마 전 새로 생긴 1층 식당에서 음식 냄새를 맡은 탄이가 주방을 습격하는 사고가 벌어진 이후, 한동안 함께 출근하지 못했다. 그러나, 이번 주말과 다음 주말은 함께 느긋한 하루를 보낼 수 있다.

탄이가 현장에 출근하는 것이 이번이 처음은 아니다. 어린 강아지 시절부터 탄이는 인테리어 현장에서 잔뼈가 굵었다. 올해로 3살이 된 탄이는 어린 시절에도 집에 혼자 남겨두는 게 미안해서 겨울엔 패딩 주머니에, 혹은 가방에 넣어서 함께 출근하곤 했다. 현장에 갈 때 탄이는 당연하다는 듯 먼저 사무실을 나선다.

현장이 사무실 근처다 보니 탄이도 현장감리를 보는 상황이 된다. 남들은 들어보지도 못한 실내용 고가 사다리 '렌탈 리프트'도 타보고, 시끄러운 타커(목공용 손망치)나 컴프레서(타커를 위한 압축공기 제공기) 소리에도 유유히 현장을 활보한다. 이것저것 냄새도 맡고, 세워놓은 사다리를 발로 툭툭 치고 괜히 시비도 걸어본다. 작년에는 천장 높이가 6m 가까이 되는 현장에서 고가용 사다리와 함께 찍은 사진을 SNS에 올렸더니 사람들은 탄이가 현장 감리를 해도 되겠다며 신기해했다. 마음 같아선 현장용 안전 조끼와 모자라도 씌워주고 싶지만, 머리가 유난히 작은 탄이에게 맞는 모자가 있을지 모르겠다.

"야! 이놈, 여기가 어디라고 들어와!"

탄이의 방문을 반가워하는 현장 반장님의 기쁨 섞인

야단에도 아랑곳하지 않고, 탄이는 뛰어가 반장님의 다리에 매달려 예뻐해달라고 꼬리를 흔든다. 가끔, 반장님 발치에서 배를 드러내며 복종의 퍼포먼스를 펼치기도 하는데, 포메라니안의 특성을 알고 있는 반장님은 다른 포메라니안과는 달리 유난히 친절하고 착한 탄이를 예뻐한다.

"반장님 오랜만이네요!"

꼬리를 흔들며 인사를 하고는 현장 탐사를 시작한다. 무해한 얼굴로 상대의 마음을 녹이는 탄이는 포메라니안 특유의 까칠함도 없고, 항상 웃으며 다가와 안아달라 애교를 떠는 통에 사람들은 탄이의 애교 섞인 몸짓과 태도에 여지없이 항복한다. 긴장감이 도는 현장에 웃음을 선사하고 탄이는 쿨하게 퇴장하며 다음 장소로 향한다. 익숙하게 현장을 누비는 탄이는 '현장 개'가 다 되었다.

엄친아 탄이

오늘도, 현장으로 향하는 복도에서 엘리베이터를 기다렸다.

엘리베이터 문 앞에 얌전히 앉아 있던 탄이는 문이 열리자마자 뒤에 있는 나를 한번 쳐다보고는 얼른 안으로 들어선다. 탄이는 조심성이 많다. 엘리베이터를 탈 때도, 내가 뒤에 있는지 확인하고 발을 내디딘다. 겁이 많은지, 소심한 것인지 모르겠지만 내 눈에는 조심성이 많아 보인다.

4층에서 엘리베이터 문이 열리고 누런색의 진도 믹스견이 탄이를 보고 흠칫 놀라며 주인 뒤로 숨는다. 그러거나, 말거나 탄이는 한쪽 구석에 앉아 조용히 기다려 준다. 가볍게 묵례하고 기다리니 강아지의 주인인 듯한 할아버지는 탄이를 보며 나에게 묻는다.

"애는 몇 살이에요?"

"네, 세 살이 넘었어요!"

"아이고, 아직 아기네요. 우리 애는 벌써 여덟 살이에요."

"고놈 참 인형같이 생겼네!"

나와 탄이를 번갈아 보며 할아버지는 입가에 미소를 띤다.

귀와 눈의 거리, 코의 각도가 오밀조밀한 탄이의 얼굴은 산책길에 만나는 사람들의 이목을 끈다. 그런 외모와 다르게 탄이는 매우 겸손하고 조용하다. 만나는 사람들에게 꼬리를 흔들며 무릎이나 손에 매달려 자신의 매력을 뽐낸다.

"안녕하세요! 저 탄이에요!"

"만나서 반가워요."

가끔 탄이와 방문하는 집 근처 애견 카페에서 다른 강아지들도 만나게 된다. 자연스럽게 여러 강아지를 보다 보니 탄이가 다른 강아지보다 유독 얼굴이 작고, 눈코입이 오목조목하다는 것을 알게 되었다. 외모도 그러하니 탄이는 쉽게 주목받고, 행동과 태도는 사람들의 탄식을 자아낸다.

"세상에! 어쩌면 강아지가 이렇게 훈련이 잘되었어요?"

탄이는 카페에서 다른 강아지들이 테이블에 뛰어올라 컵을 깨고, 음식물을 쏟고, 다른 강아지를 위협하거나 싸우는 광경을 내 옆에 앉아서 관망하는 편이다. 나는 탄이도 그런 강아지 속에 함께 어울렸으면 좋겠다고 생각하지만, 애견 카페에 오는 사람들은 탄이의 태도를 부러워한다.

"강아지 모델로 훈련받았어요?"

"훈련은 어디서 시켰어요?"

이렇게 사람들이 칭찬할 때마다 내가 따로 훈련을 시킨 것도 아닌데, 의젓한 태도의 탄이가 자랑스럽고 더욱 예뻐 보인다.

탄이는 한 번도 훈련받은 적이 없다. 어린 시절은 조카와 언니, 가족들의 사랑을 받으며 컸다. 성견으로 자라면서는 애견 카페와 유치원을 겸하던 곳에서 4개월 정도 지냈다. 호텔을 겸했던 그곳에서 탄이는 가장 인기 있는 강아지였다. 어리기도 했지만, 행동이나 태도가 번잡하지 않고 자세는 꼿꼿하며, 얌전히 앉아 간식 차례를 기다리는 모범생 강아지였다.

물론, 그 행동이 탄이의 세상 적응기였다는 것을 나중에 알았다. 탄이를 잘 몰랐던 시절에는 태어나기를 원래 그런 강아지라 생각했다. 탄이를 이해하고 사랑하게 되기까지 많은 시행착오와 성장이 있었다. 지금 탄이는 항상 사람들이 입이 마르게 칭찬하는 나의 사랑하는 반려견이다.

의도하지는 않았지만

탄이를 처음 만난 건 3년 전, 엄마가 돌아가시고 처음 맞는 추석이었다. 가족들이 모인 자리에서 아버지는 나에게 말씀하셨다.

"엄마 수발드느라 고생 많았다. 정성껏 돌봐줬으니 네 엄마도 고마워했을 게다. 이제 너도 의지할 사람을 찾아서 네 인생 살아야지. 그래야 이 아비도 마음이 편할 것 같구나."

원래 아버지와 사이가 좋지 않았기 때문에 고마움과 미안함, 딸을 보는 안쓰러움이 뒤섞인 아버지의 목소리를 들으면서 나는 오히려 화가 났다. 철들면서부터 갖게 된 아버지에 대한 불만과 반항심이었다.

'의지할 만한 존재라니! 이제 와서 무슨……'

그동안 명절이나 가족 모임이 있을 때마다 결혼하라는 똑같은 '잔소리'를 듣기 싫어 일을 핑계로 여행을 갔다. 계속되는 잔소리를 피하고 싶었다. 그러다가 의지할 사람 대신, 강아지를 키우겠다는 생각으로 그날 나는 다소 충동적으로 동네 애견 숍을 찾았다.

그러니까 나는 탄이를 만난 그날, 평생을 함께 의지하며 살아보겠다는 반려동물에 대한 사랑보다 '가족들의 잔소리를 차단하기 위한 방패막이'를 찾아 나선 셈이었다. 물론 강아지가 사람을 대신할 순 없겠지만, 의지할 수 있는 존재에 대한 막연한 기대감도 있었다.

귀족처럼 예쁜 '비숑 프리제'가 나의 목표였다. 하얗고

곱슬곱슬 뽀얀 비숑은 애견 숍의 수많은 강아지 사이에서도 눈부시게 빛났다. 그 우아하고 멋진 우윳빛 비숑과 산책이나 여행하는 상상은 나의 삶을 아름다운 미지의 세계로 인도했다. 그렇게, 나는 인형 같은 비숑 프리제를 데려갈 생각이었다.

그러나 어찌 삶이 내 맘대로 되던가? 마음속으로는 비숑을 콕 찍어놓았지만, 애견 숍에 온 김에 귀여운 강아지들도 실컷 보고 가자는 생각으로 잠시 고개를 돌렸다. 그때, 유리장 속 그 아이를 보았다. 보랏빛이 도는 검정털의 '포메라니안'. 이 작은 강아지는 자석처럼 나를 끌어당겼다. 밝은 조명 아래 빛나는 부드러운 검은 '털 뭉치'가 까맣게 빛나는 눈으로 나를 바라보고 있었다. 그 눈빛은 마치 나에게 자신을 꼭 데려가 달라는 듯 애절했다. 내가 보이지 않는 손에 이끌리듯 움직이자, 유리장 바닥에 깔아놓은 패드에 서서 깡충깡충 가늘고 작은 꼬리를 흔들어 댔다.

유리장 문을 열어 한 손으로 들어 올렸다. 조금도 무겁지 않은 어린 강아지임에도 조심스레 쥔 오른손을 통해 힘찬 심장박동과 움직임을 전했다. 동시에, 곱슬곱슬한 배내털 너머로 느껴지는 엄마 품을 벗어난 지 얼마 되지 않은 어린 강아지의 애처로움에 마음이 흔들렸다.

탁자 위에 내려놓으니, 이놈은 마치 도망가듯 짧고 작은 네 발로 책상 모서리로 향했다. 떨어질까 봐 화들짝 놀라 얼른 녀석을 잡았다. 여리여리하고 곱슬한 털과 내 손톱보다 작고 부드러운 검은색 푸딩 같은 발바닥. 말로 다 할 수 없는 귀여움과 연민에 인간이라면 항복하지 않을 수 없었다. 시작부터 이미 결과가 정해져 있는 이 게임에서 나는 결국 두 손 두 발 다 들고 말았다. 결국, 나의 꿈과 로망이었던 하얀색 비숑과의 삶은 다음 생으로 미뤘다. 충동적인 결정이었지만, 미련이나 고민은 없었다.

이제 갓 2개월을 넘긴 포메라니안, 탄이는 그렇게 나에게 왔다.

너의 이름은

 탄이를 집으로 데려온 날, 거실 발코니 창가에 작은 플라스틱 울타리를 쳤다. 포메라니안은 슬개골이 유난히 약하다는 말에 알록달록한 퍼즐 매트도 사다가 깔았다. 그 외에도 사료나 장난감, 샴푸, 강아지용 손톱깎이 등 준비해야 할 것들이 많았다.

 무엇보다도 이름이 필요했다. 한평생 부를 이름을 대충 지을 수는 없었다. 조카들의 의견도 들어봤고, 언니와도 이야기해 보기도 했다. 그러고도 딱히 마음에 드는 이름을 찾아내지 못했다. 그러던 어느 날 문득 옛 기억이 떠올랐다. 내 머릿속에 그 이름이 저장되어 있을 거라곤 상상도 못 했다. 그래서 더욱 반가웠다.

 첫 직장에서 검은색 보드에 흰 색연필로 그림을 그리던 홍콩 디자이너 '탄(Tan)'이었다. 그의 만화 같은 그림체에 매혹돼 나는 몰래 따라 그리곤 했었다. 큰 키와 넓은 어깨, 건강미 넘치는 까무잡잡한 피부와 실력을 갖춘 탄은 나 같은 초년생 디자이너에겐 선망의 대상이었다. 그때 탄이 즐겨 사용했던 검은색 보드가 윤기 나는 검정털의 포메라니안에게 잘 어울린다는 생각이 들었다. 건강하게 잘 자라길 바라는 마음과 외자라서 부르기 편한 것도 이름을 결정하게 된 계기가 되었다. 기분 탓인지는 몰라도, 탄이 역시 이 이름을 좋아하는 것 같았다.

그렇게 이름을 갖게 된 탄이는 낯선 곳에서도 처음부터 씩씩했다. 마치 자기 집이 생긴 것을 아는 것처럼, 첫날부터 솜뭉치 같은 짧고 동그란 몸으로 이리 뛰고 저리 걸으며 온 집안을 탐험했다. 너무 작고 까맣다 보니 어두울 때는 더욱더 보이지 않아 실수로 밟지는 않을까 노심초사했다. 다행히 그런 일은 일어나지 않았고, 시간은 쏜살같이 지났으며, 탄이는 건강하게 무럭무럭 커갔다.

마냥 행복한 관계라는 허상

함께한 몇 달이 지났다. 예방접종이 끝난 탄이는 드디어 산책할 수 있게 되었다. 다만 때가 한겨울이라, 고대했던 첫 산책을 커다란 패딩 주머니 속에서 경험했다. 그사이 몸무게도 늘어서 꽤 무거워졌다. 날이 따뜻해지면 함께 산책할 수 있다는 기대감에 봄이 기다려졌다.

그러나 그토록 기다렸던 봄이 왔을 때, 산책은커녕 탄이는 혼자 집에 있는 날이 많아졌다. 봄이면 바빠지는 인테리어 업계 특성으로, 출근은 빨라지고 퇴근은 늦어졌다. 아직 어린 탄이를 혼자 두고 출근할 때면 마음이 좋지 않았지만, 시끄럽고 번잡한 현장에 데리고 갈 엄두가 나지 않았다.

현장에서 받는 스트레스 때문에 몸과 마음이 지친 나는 탄이의 성장 과정을 여유롭고 신기롭게만 바라보기 힘들었다. 탄이 역시 지친 것일까? 생후 6개월을 지나며 견생 중 가장 못생겼다는 '원숭이 시기'와 '이갈이 시기'를 함께 지내고 있었다. 귀엽던 모습은 없어지고 집안의 벽지와 전선, 신발 끈과 청바지 고리 등을 닥치는 대로 물고 뜯으며 온 집안을 난장판으로 만드는 탄이는 그야말로 문제 강아지였다. 어린 강아지의 성장 과정을 제대로 이해하지 못한 나는 그렇게 커 가는 탄이를 보며 걱정했다. 게다가, 현장 일로 바쁘고 힘든 시간을 보내고 집에 와서 편히 쉬고 싶어도 탄이가 저질러 놓은 사고에 짜증이 치밀었다.

"탄! 또 신발 끈 물어뜯었어? 혼나볼래?"

유난히 힘들었던 어느 날, 또다시 사고를 쳐 놓은 탄이에게 벌컥 화가 났다. 바닥을 치며 야단을 치는 나에게 탄이는 내가 만든 신문지 뭉치조차 뜯어버리며 내 화를 돋웠다. 현실을 직시하면, 탄이는 그때 나에겐 '무거운 짐'이기도 했다. 처음으로 오롯이 내가 책임져야 하는 존재가,

그것도 어리디어린 강아지였으니 정확히 무엇을 어떻게 해야 할지 알지 못했다.

그저 유튜브나 블로그에서 이론으로 배운 강아지의 특성과 습성을 아는 것만으로 문제가 해결되지 않았다. 서로에게 적응하며 맞춰 나가야 할 시간이 필요했던 나와 탄이에겐 길고도 힘든 시간이었다. 막연히 '이렇게 하면 되겠지' 하는 짐작만으로 탄이를 대하고 있었다.

제대로 된 준비도, 강아지를 키우는 데 필요한 정보도 없이, 충동적으로 입양한 대가를 치르는 기분이었다. 완벽주의 성향이 강한 내가 왜 그랬던 것일까? 아니, 미리 생각해 보고 준비했다 한들 편하게 키울 수 있었을까?

'더 늦기 전에 나보다 좋은 주인 만나서 행복하게 살도록 보내줘야 하는 건 아닐까?'

이런 생각이 하루에도 몇 번씩 들었다. 책임감에 이러지도 저러지도 못했다. 끝까지 책임져야 한다는 마음과, 제대로 못 키울 거라면 더 잘 키울 주인에게 보내주는 게 강아지를 위한 길인가 갈등했다. 이 같은 고민을 할 때마다 탄이에게 죄를 짓는 기분이었다.

상남자 탄이

　죄의식과 현실 사이에서 방황하던 나는 유기견의 이야기를 다룬 다큐멘터리를 보면서 마음을 다잡았다. 솔직히 말하자면 그 당시 탄이를 계속 키우기로 한 것은 오직 양심과 책임감 때문이었다.
　평소 반려동물을 버린 사람들 이야기를 들을 때마다 화가 났다. 인생에도 희로애락이 있는데 살아있는 생명을 힘들고, 마음에 들지 않는다고 버리다니, 말도 안 되는 일이라고 생각했다. 더구나 내가 생애 처음으로 입양한 반려견을 유기하거나 파양한다니, 있을 수 없는 일이었다. 단지 힘들다고 탄이를 내친다면, 책임감을 무엇보다도 강조했던 나의 신념과 나 자신을 부정하는 꼴이었다. 내 지난 인생이 실패했다는 의미가 될 것만 같았다.

"탄이를 데려온 건 내 선택이자 내 결정이었어. 책임도 오롯이 내 몫이야."

더욱이 탄이는 명백한 분리불안 증세를 보이는 중이었고, 이는 어린 강아지를 오랫동안 혼자 둔 내 잘못이라고 생각했다. 궁여지책으로 탄이를 데리고 현장으로 출퇴근하기로 했다. 그때, 나는 동탄에서 화곡동까지 한 시간 반이 넘는 거리를 오가고 있었다.

겨울에서 봄으로 가는 길목, 포근해진 바람과 겹겹이 쌓인 피로 때문에 졸음이 쏟아지던 장거리 운전도 탄이 덕분에 즐거웠다. 다만, 아직 어린 강아지에게는 번잡한 인테리어 현장이 큰 스트레스였는지, 집에 오면 곯아떨어져 코를 골며 잠든 탄이를 보며 마음이 좋지 않았다. 내가 너무 힘들게 하는 건 아닌가 싶었다.

그렇게 탄이는 현장을 나와 함께 외출하는 곳으로 인식하게 되었으며, 청각에 예민한 강아지답지 않게 현장의 온갖 소음과 환경 속에서도 오로지 나와 함께 있다는 것으로 모든 걸 수용하는 강한 강아지가 되어갔다.

그즈음, 난생처음으로 탄이와 함께 동네 애견 카페를 방문했다. 수소문해서 환경이 좋고 깨끗하고 후기가 좋은 곳으로 선택했는데, 그 카페 주인은 장모 치와와를 훈련시켜 강아지 대회에도 출전하는 전문 훈련사였다. 탄이는 이곳저곳 자신의 영역을 표시하며 냄새도 맡고, 둘러보며 호기심을 충족시켰다. 애견 카페의 단골 강아지들은 새로 입성한 탄이를 반기면서도 한편으론 경계해 으르렁 대기도 했다. 여기저기 둘러보는 탄이를 지켜보던 카페 주인은 나를 바라보며 물었다.

"애기 이름이 뭐예요?"
"네! 탄이에요."

"타니?"

"아니요, 탄이요."

"아하! 탄이요?"

"이름 잘 지으셨네요!"

"탄이는 사람으로 치면 상남자예요."

카페 주인은 탄이를 바라보며 흐뭇하게 미소 지었다.

"얘는 크면 멋진 강아지가 되겠는걸요!"

그 카페 주인의 말은 탄이가 멋진 강아지가 될 자질이 있다는 자부심을 느끼게 해 주었고, 더 큰 책임감으로 탄이를 잘 키워야겠다는 동기가 되었다.

다리도 길고, 얼굴도 잘생긴 탄이는 그렇게 상남자로 성장할 거라는 기대를 하게 했다. 그때부터 나는 탄이가 다른 강아지들과는 다른, 특별한 강아지라고 생각하게 되었다.

탄이와 함께하던 출퇴근은 길게 가지 못했다. 산재한 수많은 인테리어 현장 문제를 해결하다 보면 내 끼니도 제때 해결하지 못하고 거르기 일쑤다. 그런 현장에서 탄이까지 챙기기란 벅찰 수밖에 없었다. 탄이에게도 못 할 짓이라는 생각이 들었다.

내 상황을 아는 지인이 자기 아파트 옆 강아지 유치원에 탄이를 보내보라고 조언해 주었다. 그곳은 유치원과 호텔, 카페를 겸하고 있는데, 탄이 같은 어린 강아지도 많다고 했다. 떨어져 지내려니 미안하기도 했고 아쉽기도 했지만, 또래 강아지들과 함께 지내면서 훈련과 관리도 잘 받은 탄이를 보고 싶은 마음도 들었다. 결국 나는 탄이를 호텔을 겸했던 강아지 유치원에 보내기로 했고, 그렇게 탄이와 나는 주말에만 보는 사이가 되었다.

또래 친구들과 좋은 환경 속에서 잘 자라고 있다고 생각하기로 했다. 가끔 유치원에서 보내주는 동영상 속 탄이의 모습은 나와 함께 있을 때와는 매우 다르게 어른스럽고 씩씩한 모습이었다. 잘 자라고 있는 거라 스스로 위안하며 주중에 못 보는 아쉬움을 달랬었다.

주인을 좋아하지 않는 강아지?

"탄!"

문을 향해 일제히 짖는 강아지들 사이로 멀리 탄이의 모습이 보였다.

탄이가 달려와 안겨주길 기다리며, 두 손을 벌려 안을 준비를 했다. 강아지 시절부터 꼿꼿한 등짝 털을 제외하면 정수리와 붉은빛이 도는 뱃살의 솜털까지 만지면 녹을 듯 가볍고 부드러웠다. 그런 탄을 안고 얼굴을 비비는 상상을 했다.

그러나, 학생 같아 보이는 긴 머리 여자의 무릎에 앉아 탄이는 힐끗 자신의 이름을 부르는 나를 쳐다보았다.

"탄! 엄마야!"

다시 이름을 불러 봤지만, 탄이는 움직일 생각이 없어 보였다. 애견 카페 주인은 민망한 듯 그 여자의 무릎에서 탄이를 들어 올려 내게로 데려다주었다.
 탄의 까만 두 눈이 나와 마주쳤다. 순간 탄이는 허공을 바라보며 나와 눈이 마주치는 것을 피하는 듯했다. 나만의 느낌이었을까? 미안함과 기대감으로 탄이와 만날 날을 기다려 온 나는 갑자기 탄이의 무관심한 눈빛과 마주하며 묘한 기분에 사로잡혔다.

 지난주 오픈 날짜가 임박한 인테리어 현장 때문에 한 주를 건너뛰고 2주가 지나서야 탄이를 데리러 왔다. 일주일을 건너뛰었다고 탄이가 나를 알아보지 못하는 걸까? 내가 자신을 버렸다고 생각한 걸까? 아니면, 그동안 나를 싫어한 걸 지금에서야 드러내는 것일까? 내가 오지 못한 한 주 동안 도대체 무슨 일이 있었는지, 여러 가지 생각에 머리가 복잡해졌다.

"탄이가 얼마나 얌전하고 이쁜지 카페 사람들이 탄이만 찾아요."

개가 싫어하는 주인 꼴이 된 나를 위로한답시고 애견 카페 주인은 일부러 유쾌하게 탄이를 칭찬했다.

'쓸데없이 저런 소린 왜 하는 거야!' 유쾌한 그녀의 말투도 짜증이 났다. 탄이는 내게 안기면서도 불편해했다. 내가 느낄 정도이니 본인도 아주 불편했던 것 같다. 그 이유가 무엇이건 간에 나는 탄이를 위해서 주말에 편한 침대와 맛집의 맛있는 음식도 뒤로하고 두 시간이 넘는 거리를 달려왔다. 나는 오랫동안 혼자 살면서 외로움에 익숙하다고 생각했다. 오히려 옆에 누군가 있다는 것만으로도 숨이 막히는 생각이 드는 사람이었다. 그런데 반려견의 외면하는 눈빛에 속이 상하다니, 태어나서 처음 겪는 황당하고 기막힌 심정이었다. 사람도 아닌 강아지에게 이런 취급을 받다니……. 내 인생에 이런 그림은 없었다. 혼자서도 씩씩하고 단단하게 세상을 잘 살아가고 있었는데 갑자기 반려라는 이름으로 내 옆자리를 차지한 강아지 한 마리가 나의 삶을 온통 지배하고 있었다.

돌아오는 차 안에서 탄이는 조수석에 앉았다. 차에 태우면 항상 운전석 내 무릎 위로 올라와 창밖 시원한 바람을 쐬곤 했지만, 오늘은 서로의 싸한 분위기를 아는지 몇 번 낑낑대다 이내 잠이 들었다. 몇 번 작게 신음처럼 잠꼬대까지 했다. 측은함에 애잔함까지 느껴졌지만, 나는 탄을 쳐다보지 않았다.

서먹하게 두 시간을 보내고 집에 도착했다. 서늘한 분위기로 탄이와 둘만 있는 집에서 나는 밥도, 간식도 어떤 표현이나 말없이 의무감만으로 챙겨주었다. 서로에게 토라져 정적이 내려앉은 집에는 거실 TV 소리만이 유일했다.

어떻게 개가 주인을 싫어하지? 이해할 수 없었다.

"역시 강아지도 짐승이라 자신을 보살피고 사랑하는 사람을 못 알아보는 것일까?"

만약 그렇다면 수많은 유기견이 새로운 주인을 찾아서 행복한 삶을 사는 이야기는 다 거짓말일까? 그렇다면 이제 겨우 한 살인 탄이를 어떻게 해야 하는 거지?

이런 갈등을 겪는 상황에 화가 났다. 탄이는 작고 소중한 반려견이다. 반려견은 옆에 존재하는 것만으로도 힘이 나는 존재다. 굳이 엄마와 아들로 명명하지 않아도 가족처럼 삶을 함께하는 존재가 아닌가? 그런데, 이런 탄이의 존재가 뜻하지 않게 나에게 주는 여러 가지 삶의 고난들은 예정에 없는 것들이었다. 문제를 해결하기 위해 원인을 찾아보려 애썼다.

반려견과 반려인

탄이의 행동 변화에 적잖게 당황한 나는, 그날 이후 탄이를 유치원에 보내지 않았다. 한동안 둘의 어색한 동거가 이어졌지만 그렇다고 탄이에게 폭발했던 서운함과 분노를 계속 품고 산 것은 아니었다. 오히려 미안한 마음이 컸다. 감정이 섞인 관계에선 좋아하고, 싫어하는 마음을 드러낼 수 있다. 어떤 이유에서든 반려견 탄이가 주인인 나를 좋아하지 않을 수도 있다는 사실을 인정하고 나니 그간 잘해주지 못했던 일들이 떠올랐다. 이렇게 된 거, 나를 좋아하게 만들고야 말겠다는 괜한 고집 같은 것도 생겼다.

조금이라도 더 시간을 같이 보내려고 산책도 더 자주 했고, 더 많이 놀아주려 했다. 탄이 역시 점점 나를 따르는 것 같았지만, 나는 둘 사이에서 아직 보이지 않는 벽 같은 것을 느꼈다.

내가 탄이에게 바라는 것은 무엇일까? 그저 내 말을

잘 듣고 나를 잘 따르는 것? 나를 싫어하지 않는 것? 아니었다. 그 정도라면 지금도 나쁘지 않을 터였다. 처음 탄이를 데려왔을 때, 내 마음은 어땠는지 생각해 보았다. 탄이가 처음으로 매트에 병아리 오줌만큼 배변했을 때, 작고 작은 입으로 트림하거나 방귀를 뀌었을 때, 따뜻한 물에 불린 사료를 조금씩 먹기 시작했을 때. 나 역시 그저 신기하고 경이로워 매번 감탄했다! 이 작은 생명체가 나에게 주는 위로와 따뜻함에 태어나서 처음으로 '소중함'이란 단어를 생각하게 되었다. 검지로 우유라도 묻혀 주면 인형 같은 작은 이빨로 나의 손을 잘근잘근 씹어댔다. 아직 제대로 잡히지 않은 배내털은 짧고 부드러워 안아주는 것조차 조심스러웠다.

"주인에게 강아지는 인생의 한 부분이지만, 강아지에게 주인은 모든 것이다!"

어디선가 봤던 그 말이 떠올랐다. 그간 혼자 힘들어했

을 탄이를 생각하니 가슴이 아팠다.

탄이를 처음 유치원에 보낼 때, 나는 '탄이도 친구들과 함께하는 시간이 즐거울 거야'라고 생각했지만, 종일 낯선 사람이나 강아지들과 지내는 시간이 어린 탄이에게는 힘들었을 것이다. 유치원에서 보내주는 동영상 속 탄이는 어린 강아지답지 않게 큰 개들 사이에서 얌전히 앉아 간식 차례를 기다렸고, 신나게 놀다가도 친구들이 노는 모습을 하염없이 바라보고 있었다. 탄이는 내가 그 짧은 영상으로 본 것보다 훨씬 긴 시간을 자신보다 덩치가 큰 성견들과 살아내느라 고군분투했을 것이다.

탄이는 내게서 버림받았다고 생각하지 않았을까? 강아지들이 모인 곳, 자신에게 친절한 많은 사람 틈에서 훈련받고 놀던 탄이는 저녁이면 외롭게 잠들었을지 모른다. 그렇게 탄이는 돌봄이 가장 많이 필요한 어린 강아지 시절부터, 엄마인 내가 있었음에도 혼자였다.

어떻게 해야 잘 지낼 수 있을까? TV나 유튜브에서는

주인과 강아지가 행복하게 지내는 모습을 수도 없이 볼 수 있는데, 나도 탄이와 그런 관계가 되려면 어떻게 해야 하는 걸까? 훈련소를 보내볼지 생각도 해봤지만, 바로 접었다. 탄이의 행동이 아니라 나와의 교감 문제라는 생각 때문이었다. 훈련소에 보내면 겉으로는 고분고분 내 말을 잘 듣게 될지도 모르지만, 그게 탄이가 나를 좋아하게 됐다는 증거는 아니었다.

생각해 볼수록 문제는 나에게 있었다. 사람으로 쳐도 아직 유치원생 정도 된 아이가 누군가를 싫어하거나 멀리하려 한다면, 잘못이 그 아이에게 있을까? 아마도 멀리하는 이유가 있을 것이다. 결국 바뀌어야 하는 것은 나라는 생각이 들었다. 단순히 탄이에게 책임을 다하고 아껴주기만 한다고 될 일이 아니었다. 탄이와 나는 왜 교감을 하지 못하는지, 나의 문제는 무엇인지 고민했다. 강아지와 대화를 해볼 수도 없고……. 이런저런 노력을 해보다가 탄이의 사주가 생각났다.

사주 명리로 세상을 이해하는 나

나는 세 살 탄이의 보호자면서, 사주 명리를 통해 세상을 보는 사람이자, 인테리어 디자이너이다.

엄마가 돌아가신 후 접하게 된 사주명리는 하늘과 땅, 그리고 인간의 현실세계를 연결하며 내 주변의 모든 생명과 물질을 판단하게 한다. 그렇게 세상을 보는 눈을 갖게 된 지 3년이 넘었다.

사주 명리는 내가 삶을 살아가는 데 매우 많은 도움이 된다. 현실에서 이해되지 않는 클라이언트를 만났을 때, 나에게 피해를 주고 거짓말로 상처 주는 많은 사람도 이 사주 명리라는 철학으로 보면 이해할 수 있다.

꾸준히 사주 명리를 공부하며 현재는 풍수지리라는 공간에 관한 철학도 공부하고 있다. 풍수지리는 내가 세상을 다른 시각으로 보며 그 속에서 사람을 이해하는 데 많은 정보를 제공한다. 꽤 오래, 인테리어 회사를 운영하고 있지만, 공간과 사람을 이해하는데 끊이지 않는 아이디어와 감성적인 마인드는 이 철학을 시작하고 난 이후에 샘솟듯 솟아나고 있다.

하다못해 공간을 이해하는 데도 사주 명리가 도움이 되는데, 우리 탄이를 이해하는 데도 도움 될 것 같아서 사주 명리를 적용해 보기로 했다. 이 시도는 단순히 사주 풀이로 끝나지 않고, 탄이를 이해하는 시작점이 되었다.

탄이의 사주

탄이를 입양하던 날, 애견숍에서는 탄이의 순종 증명서를 물품과 함께 담아주었다. 생년월일과 품종, 나이와 성별 등이 적혀 있었다.

2020년 7월 24일. 증명서에 적힌 탄이의 생일이다.

사주 여덟 글자 중에서 자신을 나타내는 글자가 있다.

이것은 태어난 시간을 모르더라도 생년월일만으로 알 수 있다. 태어난 날을 일주라고 부르는데, 사주에서는 이 부분으로 자신의 타고난 정체성을 알 수 있다. 탄이의 사주를 보니 태어난 날의 오행이 나와 같았다. 탄이와 나의 일주는 무토(戊土)라는 양(陽)의 흙이다. 우연인지, 탄이와 나는 큰 태산과 같은 흙 에너지를 똑같이 타고 태어났다. 신기하기도 하고, 이런 우연이 있을 수 있을까 생각도 들어 몇 번을 확인했다.

흙은 탄생에 관여한다. 새싹을 틔우고, 나무를 키우고 열매 맺게 하고, 생활에 필요한 유용한 물질을 만드는 데 사용된다. 또한 흙은 사계절과 다섯 가지 오행의 흐름을 연결해 주는데, 그래서 사주 명리에서는 흙을 중용의 에너지라고 한다. 즉, 한곳에 치우치지 않고 세상의 많은 것들을 품는데, 물질로 봐도 흙 속에는 무한한 자연이 숨어 있다. 석유, 다이아몬드, 금 등 우리가 귀하게 여기는 많은 것들을 오랜 시간 품고 있다.

나와 같은 무토, 양의 흙 에너지. 주어진 성향이 나와 같다면, 탄이도 좋아하는 것과 싫어하는 것이 나와 같을 수 있겠다는 생각이 들었다. 그러면 내가 좋아하는 걸 해 주고, 내가 싫어하는 걸 피해 주면 되겠구나. 예민한 성격을 가진 나처럼 탄이도 잠자리나 음식에 민감했던가? 사주를 보기 전 일반적으로 알려진 강아지 주인이 하는 행동만 했다면, 탄이의 사주를 본 뒤로 더 유심히 탄이의 입장을 고려해 보게 되었다.

그렇게 탄이를 바라보니, 전에는 안 보이던 것들이 보였다. 어째서인지 탄이가 물만 먹으면 기침을 해대서, 동물병원을 찾았다. 포메라니안의 유전병 중 하나인 천식 때문이라고 했다. 물그릇을 회오리 모양의 이중 물그릇으로 바꾸고 밥그릇도 바꿨더니 신기하게 기침을 멈췄다.

입이 짧아 무엇이든 많이 먹지 않는 탄이는 소고기 베이스에 채소가 섞인, 조금 더 얇고 알맹이가 작은 것으로 바꿨는데, 다행히 잘 먹었다. 이런 탄이의 짧은 입이 나와 닮았다고 언니는 말했다. 그렇게 나는 나를 바라보듯 세심하게 탄이에게 맞춰가는 생활을 시작했다.

탄이는 배변 후 따뜻한 물로 엉덩이를 닦아 주는 걸 아주 좋아한다. 묽은 변으로 털에 조금이라도 흔적이 남으면 엉덩이를 들고 제대로 앉지도 못하고 누가 때리는 것처럼 소리를 질렀다. 그런 탄이를 보면서 너무 빨리 엄마 품을 떠나 보살핌을 제때 받지 못해서 그런가 싶어서 측은한 마음이 들기도 했다. 항문에 힘이 약하게 태어난 탄이는 미용 때나 예방접종을 받으러 가면 남아있는 항문의 찌꺼기를 제거해줘야 했다. 이런 예민함을 알아챈 후부터는 배변 후, 따뜻한 물로 엉덩이를 씻겨 주었다. 그러면 탄이는 시원한지 가만히 몸을 맡긴다. 귀찮다는 생각보다는 탄이의 아픔을 공유받는 것 같아 다행이란 생각이 들었다.

수많은 서적과 반려동물 관련 영상을 보며 공부했다. 아무리 바빠도 시간을 아껴서 조금이라도 더 많은 시간을 탄이에게 쏟았다. 처음에는 탄이의 사주를 보고 맞춰갔는데, 그런 노력이 어느새 탄이의 입장에서 생각하고 이해하는 태도로 발전했다. 그럴수록 탄이도 나를 더욱 믿고 의지하는 것으로 보였고, 나도 단순한 책임감만으로 키우던 때와 다르게 커진 애정을 느꼈다. 이제 휴일의 느긋함, 퇴근 후 집에 돌아와 잠깐이나마 누리던 모든 편안함과 안락함은 탄이와 함께하는 시간으로 바뀌었다. 퇴근 후 저녁과 주말이면 아무리 힘들고 바빠도 짬을 내서 호수공원으로 산책하러 갔다. 그곳에서 탄이가 강아지 친구들을 만나고 나무와 물, 새들과 함께할 수 있는 시간을 만들어 주려고 항상 노력하게 되었다. 그렇게 '주인'에서 '반려인'으로 나아갔다.

탄이의 타고난 에너지는 여러 강아지 특성 중에서도 묵묵하게 자신의 자리를 지키는 충견 같다고 할 수 있다. 만물을 품는 흙의 성질처럼 탄이는 산책길이나 애견 카페에서 만난 사람들이나 강아지에게 친절하다. 자신이 먼저 다가가 냄새 맡는 경우보다는 자신의 냄새를 맡으려는 강아지를 차분하게 앉아서 기다려 준다. 먼저 으르렁거리거나, 냄새 맡지 않는다. 무심한 듯 세심한 탄이의 성격은 그렇게 사람들에게 사랑받는다.

처음에는 탄이의 사회화가 잘못되었다고 생각했다. 훈련을 시켜야 하나 고민도 했지만, 탄이는 태어날 때의 성향이 원래 그런 강아지였다. 그래서인지, 탄이는 결혼하지 않고 혼자 사는 나에게는 유일한 가족이며, 우린 서로에게 최상의 궁합이라고 할 수 있다.

번잡하거나 사납지 않아 평온하게 나와의 시간을 보낼 수 있고, 밖에 나가도 통제 불가능한 상태로 혼자 앞서거나, 다른 강아지들에게 덤비지 않는다. 그래서 탄이는 조용하게 혼자 사는 나의 라이프 사이클에도 잘 맞는 반려견이다.

처음 탄이를 데려올 때는 잘 키울 수 있을지 1년 넘게 고민의 시간을 갖기도 했다. 일찍 탄이의 입장에서 생각했다면 탄이의 예민함과 영민함을 빨리 알아챌 수 있었을 텐데……. 지난 시간 탄이의 마음을 몰라줘서 속상하고 미안하다. 하지만 이제 탄이는 미안함과 걱정이 무색하게 내 옆자리를 잘 채워주고 있다. 지금은 내가 탄이에게 더 많이 의존하고, 더 많은 위안을 받는다. 이제 탄이는 점점 더 어른스러워지며 나에게 의존하던 어린 강아지에서 이제는 나를 보호해 주는 보호자가 되어 나를 살피고, 챙긴다.

"그날, 탄이를 데려오지 않았으면 어쩔 뻔했어!"

그날, 탄이를 데려온 건 내 인생에 있어 아주 다행스러운 일이다. 탄이를 처음 만났던 날을 생각하면 입가에 미소가 생긴다.

현장 개 3년이면 풍월을 읊는다

오늘도 탄이는 나와의 외출을 기대하며 드레스 룸 근처를 기웃거린다.
내가 거실로 나가 현관으로 갈 때까지 내 뒤를 졸졸 따라다니며, 나의 한 마디를 기다린다.

"탄! 엄마랑 현장 가자!"

얼마 전, 세 살이 된 탄이는 자기주장이 강해졌다. 그동안 나와의 눈싸움에서도 항상 먼저 고개를 숙이곤 했는데 이제는 끝까지 나를 쳐다본다. 탄이가 많이 자라면서 자아도 크게 형성이 된 것 같아서 기특하기도, 또 한편으로는 얄밉기도 하다. 처음에는 끝까지 잘 키워야 한다는 부담과 10년 넘게 함께 살아야 한다는 생각에 걱정도 했지만, 3년이 지나고 보니 이제는 나에게 없어서는 안 될 소중한 소울메이트가 되었다.

소울메이트가 된 탄이는 저녁이면, 현장일로 지치고 피곤한 나에게 다가와 얼굴을 핥아주며 위로해 준다. 그런 탄이의 배려가 참 고맙다. 짧지 않은 시간 동안 우여곡절을 거치고 탄이와 나는 이렇게 서로를 신뢰하는 사이가 되었다.

가끔 현장에서 생긴 문제로 큰 소리를 내면 탄이는 한구석에 앉아 내 이야기가 끝날 때까지 조용히 기다려 준다. 현장의 열악함으로 걱정되어 안아주면, 탄이는 두 발을 곱게 모으고 안기 편하도록 앞다리로는 내 어깨를 잡아준다. 냄새를 따라 이곳저곳을 킁킁거리다가도 내가 움직이는 기척이 들리면 어느새 내 옆으로 와 나를 기다린다.

"탄! 여기서 기다려! 엄마 현장 다녀올게!"

애절한 눈빛으로 나를 바라보며 탄이는 이렇게 말하는 것 같다.

'엄마! 나도 현장 감리 볼 수 있어요! 3년이면 풍월을 읊는데, 저도 함께 가요!'

애절한 탄이의 눈빛에 웃음이 터진 나는 탄이를 안는다. 그리고 현장으로 향한다.

"그래! 너도 이제 서당 개, 아니 현장 개가 다 되었구나!"

탄이는 내 어깨에 걸친 앞발에 힘을 주고는 나에게 감사의 뽀뽀를 전한다.

일하면서 반려견과 시간을 함께한다는 것은 쉽지 않다. 더군다나 열악한 현장은 위험 요소와 문제도 많은 곳이다. 하지만 탄이는 다행히도 문제없이 현장에 잘 적응하고, 나와 함께 하는 시간에 집중한다. 그런 탄이가 앞으로도 건강하게 나와 함께해 줄 거라는 생각은 변함없다.

나를 위해 탄이도 노력하는 중일 것이다. 영리하고 눈치가 빠른 탄이는 나와의 시간에 자신의 모든 감각과 후각을 이용해 냄새 맡고, 눈치를 보며, 나의 기분과 상황을 살피고, 나의 이야기를 들어주려 애쓴다. 현장에서나 집에서나 우리는 그렇게 서로에게 최선을 다하는 중이다.

이 글을 쓰는 동안 탄이는 책상 위 모퉁이에서 잠이 들었다. 저 작은 강아지와 다투게 될지, 저 작은 강아지의 사랑을 받기 위해 이렇게나 노력하게 될지 그리고 끝내 가족이 될지 누가 알았겠는가.

어느덧 꿈나라에 빠져든 탄이를 본다. 살며시 삐져나온, 부드러운 귀털 몇 가닥이 나를 미소 짓게 한다.

탄!

엄마는 너에게 아주 부족하지만, 너와 사는 동안 꾸준히 노력할 거야. 처음이라 더 어렵고 서툴지만, 큰 사랑과 믿음이 있는 나의 첫 반려견이 너라서 참 다행이야.

큰 산처럼 나를 믿어주고 의지해 주어서 고맙고, 내가 너를 의지하고 함께할 수 있어서 행복하단다!

열악한 환경에서도 나와 함께해 주고, 나의 현장을 지켜주는 네가 있어서 다행이야!

언젠가 네가 무지개다리를 건너거나 내가 먼저 세상을 떠나더라도 우리 그때까지 서로에게 최선을 다한 순간들을 기억하며 다음 생을 기약하자.

    엄마는 탄이 엄마로 이 세상을 살아가게 되어서 너무 감사해. 사랑한다!

너와 함께라면 늘 5월이야

최영화 작가

가르치는 일을 하면서
틈틈이 책을 읽고 걷고 여행하는 걸 즐깁니다.
노력을 시간에 녹이면 언젠가
긍정적 결과로 보상받는다는 걸 믿으며
끊임없이 무언가 배우며 끄적입니다.
사람과 사람 사이의 관계와 인연에 진심인
네 냥이 집사입니다.

그리움의 시간

　겨우 해를 넘겼다. 어떻게 버텼을까. 그 후 사계절이 또 지나갔다. 다시 새 학기를 맞았지만, 힘든 시간은 끝날 줄을 몰랐다. 학교 진입로에 계절을 알리는 분홍빛 벚꽃이 흐드러져 있는데 눈에 거슬리기만 했다. 화단에 줄지어 핀 개나리와 철쭉이 환하게 빛나는 것도 봄의 끝자락이 되어서야 겨우 알아차릴 정도였다.
　3월, 새 학기 새로운 교실, 새로운 아이들과 적응하는

데도 시간이 필요했는데 마음에 여유가 없었다. 아침에 눈을 뜨고 출근해서 어찌어찌 정신을 차리고 하루하루를 이어 나가기는 했지만, 이미 소진된 체력으로 집에 오면 그냥 쓰러져 자는 일이 허다했다. 시간이 해결해 줄 거라는 안일한 생각으로 견뎠는데, 도무지 나아지지 않았다. 한 번씩 밀려오는 아빠에 대한 지독한 그리움, 채워지지 않는 공허함은 점점 커져만 갔다.

시간이 흘러도 무기력한 시간은 지속되었다. 이제는 다시 볼 수도 안아볼 수도 없는 대상을 향한 사무치는 그리움은 때로는 병이 되기도 한다는 걸 몸으로 실감하고 있었다. 3월 한 달 내내 병원을 내 집처럼 드나들었고, 병원 약을 달고 살던 시기였다.

아빠가 가고 없는 빈자리를 채워 줄 무언가가 필요했지만, 무엇을 시작해 볼 의지도 용기도 내겐 남아있지 않았다. 사람들을 만나는 일에 열정적이던 과거의 내 모습은 사라지고 없었다. 끝도 보이지 않는 우울의 늪에서 헤어나지 못하고 하루하루를 근근이 살아냈다.

"이번 주말에 홍제동 개미마을로 출사 갑니다. 가실 거죠?"
"죄송해요. 이번 출사는 힘들 것 같아요."

"수요일에 전시회 보러 갈래요?"
"전시회는 무슨……. 다음에 기회 되면 갈게."

"너 보고 싶어 하는 친구들이 많아. 이번 모임엔 꼭 참석했으면 좋겠다."
"그래, 연락은 고마운데 이번은 못 갈 것 같아. 미안해."

나를 진심으로 걱정해 주는 주변 사람들의 연락도 모두 거절해 버리고, 나는 스스로 마음의 문을 걸어 잠그고 말았다. 문득 돌아가신 아빠가 이런 날 보고 얼마나 가슴 치며 속상해하실까, 라는 생각이 든 순간 이렇게 살아서는 안 되겠구나 싶었다. 일상에서 저만큼 멀어져 있는 내 모습을 어떻게든 다시 찾아야 했다. 일상을 살아내려면 뭐라도 해야 할 상황이었다.

휴일이면 아빠가 좋아하던 커피믹스와 과자 한 봉지를 챙겨 들고 아빠를 만나러 현충원에 다녀왔다. 집안 제사도 다가오고, 취업을 준비하느라 바쁜 아이도 챙겨야 하고, 아빠 돌아가신 후 중심을 잡지 못하고 흔들리는 엄마도 돌봐야 하는데……. 그런 것을 애써 외면한 채 아직 오지도 않은 미래에 대한 걱정과 과거의 기억 속에서, 나는 쉽게 헤어나지 못하고 늘 그 자리에서 맴돌고 있었다. 아빠가 돌아가시기 전까지 난 죽음에 대해서 진지하게 생각해 본 적이 없었다. 내 곁에서 영원히 계실 거로 생각했던 내가 얼마나 어리석고 철이 없었던 건지 아빠가 가시고 난 후에야 알게 된 것이다.

"이젠 그만 정신 좀 차려야지."
"언제까지 아빠만 그리워할 거야? 돌아가신 분은 돌

아가신 거고 산 사람은 살아야 하지 않겠어?"

"선배, 이제 그만 제자리로 돌아와요."

그땐 가족과 주위의 걱정 속에서 하루하루를 그저 살아냈다.

노랑 치즈 고양이

어느 날 문득, 정신 차리고 보니 이렇게 무기력하게 지내다 보면 평생 다니던 직장도 놓아야 할 것 같았다. 뭐라도 해야 했고, 이젠 정신을 차려야겠다는 생각에, 퇴근 후 이사 온 지 2년 가까이 되도록 발걸음조차 하지 않았던 후문 쪽 공원으로 무작정 향했다. 작은 공원은 사람들로 넘쳐나고 있었다.

운동하는 사람들, 가족과 산책 나온 사람들로 작은 축구장 트랙은 발 디딜 틈이 없었다. 사람들 사이를 비집고 트랙을 열심히 걸었다. 학교와 집만 오가다가 오랜만에 사람들이 많이 모인 곳에 나오니 사람 냄새와 땀 냄새가 어우러져 기분이 좋아졌다. 코끝에 닿는 봄밤의 공기가 달콤하게 느껴진 건 공원을 둘러싼 덩굴장미의 붉은 기운 때문이었을까. 축구장 트랙을 밝히는 가로등 불빛이 덩굴장미 이파리 끝을 비추는데 유난히 반짝거렸다.

큰맘 먹고 달라지기로 마음먹은 걷기 첫날, '시작'의 좋은 기운을 몸에 두르고 하루 육천 보를 목표로 퇴근 후에 공원으로 출근했다. 이른 시간에 가도, 늦은 시간에 가도 공원은 늘 사람들로 붐비었다. 산책과 운동하는 사람들 외에도 동네 할머니들, 동네 아이들, 축구장을 이용하는 아마추어 축구 선수들의 함성으로 걷는 내내 에너지를 받으며 걸을 수 있었다.

한 열 바퀴 돌았을 때쯤이었다. 축구장 트랙 관중석 끝자리에 고양이 한 마리가 있는 걸 발견했다. 처음에는 그냥 동네 고양이려니 생각하고 지나쳤다. 그런데 한 바퀴 돌고 관중석에 올 때마다 관중석 자리 끝에서 끝까지 나와 발을 맞춰 걷는 게 아닌가. 처음에는 그냥 우연이려니, 대수롭지 않게 여겼다. 그런데 트랙을 돌 때마다 똑같은 자리에서 똑같은 거리를 반복해서 나를 에스코트 하듯 같이 걸어 주었다. 그런 고양이 모습을 보니 너무 신기해서 걸으며 혼잣말로 중얼거렸다.

"나비야, 이쁘게 생겼네. 너도 걷기 운동하니?"
"나랑 같이 발맞춰 걸어 주는 거니? 어디서 왔어?"

날마다 같은 자리에서 만나긴 했지만, 한 며칠은 그냥 신경 쓰지 않고 걷기에만 집중했다. 한 달을 넘기고 열흘쯤 지날 무렵, 똑같은 자리에서 똑같은 행동으로 한결같이 시그널을 보내주는 아이에게 눈길이 가기 시작했다. 고양이는 자신을 돌봐줄 집사를 본인이 정한다는 이야기를 들은 적이 있는데, 바로 집사로 간택되었구나 싶었다.

눈길이 가기 시작하니 일단 뭐 하나라도 챙겨주고 싶었다.

같은 직장 내에서 8년 넘게 길냥이들을 돌보는 동료에게 그동안의 과정과 사정을 이야기하고 사료를 챙겨 받았다. 퇴근 후 운동 하면서 날 기다려 주던 고양이에게 사료와 캔을 하나씩 챙겨 먹이는 일이 운동 중 작은 일과가 되었다. 예전부터 알고 지낸 사이처럼 거부감없이 잘 받아먹는 고양이를 보며, 점점 내 마음은 그 고양이에게 이끌렸다. 평소 강아지를 좋아해서 퇴직 후엔 강아지 한 마리 키워야지 했던 마음은 뒷전으로 가고, 이미 내 마음속 한쪽에는 노랑 치즈 고양이 한 마리가 자리하고 있었다.

"하고 많은 이름을 놔두고 촌스럽게 오월이가 뭐니?"
"오월이가 어때서! 오월아, 오월아. 입에 착착 붙고 난 좋기만 하고만."
"아니 유월에 데려오면 유월이, 구월에 데려오면 구월

이라고 이름 지을래? 이름이 너무 성의 없잖아?"

"오! 그거 좋은데, 다음에 또 냥이를 들이게 되면 그렇게 해야겠다. 하하하."

길냥이들에게 의미를 부여하고 이름을 붙이는 순간 그에 따르는 책임과 의무가 있다는 것도 모르고 이름을 지어주었다. 5월 중으로 데려오고 싶다는 단순한 생각으로 아이 이름을 덜컥 '오월이'로 결정해 버렸다. 잘하는 짓인지 무모한 짓인지 판단도 하지 못한 채.

다음날 평소보다 조금 늦은 시간에 도착했더니 날마다 붙박이처럼 그 자리에 있던 녀석이 보이질 않았다. 낡은 계단 위에도 트랙에도 아이의 모습이 보이지 않으니 걸으면서도 계속 신경이 쓰였다. 사방을 살피며 운동장 트랙을 열 바퀴 돌았을 때쯤 녀석이 내 앞에 나타나 주었다. 그제야 안심이 되었다.

"이 녀석, 어디 갔다 온 거니? 걱정했잖아."

잠깐이지만 애가 탔던 내 마음을 아는지 모르는지 치즈 고양이는 계단 위 스탠드 조명 아래서, 가져온 츄르나 내놓으라는 눈빛을 넌지시 보내고 있었다. 불빛 아래서 츄르를 먹이면서 나지막이 말했다.

"네 이름은 오월이야. 이제부터 오월이라고 부를게."
"그리고, 이제부터 멀리 가면 안 돼. 알았지?"

폭우 내리던 밤

장마를 앞두고 여러 날 불볕더위가 이어졌다. 오월이는 아랫마을과 윗동네를 이어주던 공원의 낡은 나무 계단 아래에서 살고 있었는데, 그 아래는 거미줄과 해충들로 너무도 열악한 환경이었다. 퇴근 후 가서 보면 사료 그릇은 이미 개미들이 점령하기 일쑤였다. 운동하고 먹이를 챙겨준 뒤 인사하고 집으로 돌아오는 일이 퇴근 후 일과였는데, 너무도 형편없는 계단 밑 환경을 볼 때마다 이곳에서 탈출시켜 주고 싶다는 생각이 문득문득 들었다. 하지만 쉽지 않은 결정이었기에 섣불리 일을 벌일 수가 없었다. 오월에 데려오고 싶던 내 마음과는 달리 시간은 속절없이 흘러가고 있었다.

폭염이 며칠 지속되더니 이른 장마로 이어졌다. 하루 걸러 폭우가 쏟아졌다. 그날은 유독 강풍을 동반한 폭우가 심해 베란다 창문이 심하게 들썩거렸다. 베란다 창문 너머 밖의 상황을 보니 낡은 계단 아래 몸을 피할 공간도 없이 있을 오월이가 너무 걱정되었다.

굵게 쏟아붓는 폭우를 한참 거실에서 바라보며 안절부절못하다가, 이대로는 안 되겠다 싶어서 겉옷도 챙겨 입지 않은 채 굵은 장대비를 뚫고 달려갔다. 내 예상대로 낡은 계단 밑에서 오월이는 계단 아래로 새는 비를 고스란히 다

맞고 있었다.

불빛 하나 없는 계단 아래를 휴대전화 플래시 불빛으로 비추어 보니 목재 계단 구석구석에 있는 거미줄과 거미줄에 엉켜있는 벌레들이 선명하게 눈에 들어왔다. 어느 곳 하나 편히 기댈 곳 없는 그 모습을 마주하는 순간 오월이의 슬픈 눈이 보였다. 사람 손이 전혀 닿지 않은 계단 밑 구석진 자리에서 밤새 비와 사투를 벌여야 하는 오월이를 외면할 수가 없었다. 속상하고 안타까운 마음이 들었다. 순간 주저주저했던 내 마음은 저만큼 사라지고 오월이를 우리 집에 데려가야겠다고 마음을 먹었다. 하지만 당장 마음만 먹는다고 될 일이 아니었다.

안타까운 마음에 빗속을 뚫고 공원으로 달려가서 오월이의 상황을 확인했지만 늦은 시간 폭우 속에서 당장 내가 할 수 있는 일은 아무것도 없었다. 아무런 대책이나 준비도 없이 무작정 달려오기만 한 내가 너무 한심스럽게 느껴졌다. 이동장도 없이 오월이가 잡혀 줄 리도 만무하고, 어쨌든 모든 준비를 하고 오월이를 데리러 다시 와야만 하는 상황이었다. 그칠 기미가 없이 하염없이 쏟아지는 비가 원망스러웠다.

"오월아, 제발 오늘 밤만 잘 견뎌줘. 내일 꼭 데리러 올게. 우리 집에 가자!"

폭우 속에서 우산은 무용지물이었고, 알아듣든지 말든지 오월이에게 큰 목소리로 소리쳤다. 나 역시 오월이와 마찬가지로 이미 물에 빠진 생쥐 꼴이 되어 있었다. 아이에게 한 말을 지키기 위해 날이 밝기만을 기다렸는데, 무심한 하늘은 밤새 쉼 없이 비를 쏟아부었다.

다음 날, 빌려온 이동장을 들고 퇴근 후 부랴부랴 공원으로 향했다. 언제 비가 내렸냐는 듯 넘어가는 해를 등지고 공원에는 운동하는 사람들로 평소처럼 분주했다. 계단 아래로 얼굴을 들이밀고 오월이를 불렀다. 우거진 수풀 속에서 야옹, 하면서 오월이가 아무 일도 없었다는 듯 얼굴을 내밀어 주었다.

어젯밤의 폭우를 잘 견뎌내 준 녀석이 정말 고마우면서도 못 잡으면 어떡하지, 하는 걱정이 앞섰다. 길고양이 입양은 상상도 해 본 적 없었지만 결국 일은 벌어졌고 내 선택을 믿어보기로 했다. 이젠 이동장에 들어가 주기만 하면 되는데 츄르를 내밀었더니 오월이가 순순히 이동장으로 들어와 주었다. 이렇게 고마울 수가! 너무도 수월하게 들어와 준 오월이를 데리고 두근거리는 마음으로 미리 알아두었던 동물병원으로 향했다. 공덕사거리에 있는 병원까지는 20분이 거리였다. 이젠 병원에 데리고 가서 검진만 받으면 집에 데리고 갈 수 있다고 생각하니 안심이 되었다.

아파트 정문을 지나 좌회전하려는 순간 순순히 이동장에 들어와 주었던 모습은 어디로 갔는지, 오월이가 이동장 문을 붙잡고 서럽게 목 놓아 울어대기 시작했다. 누가 들어도 불안하고 겁먹은 소리는 병원 가는 20분 동안 쉼 없이 이어졌다. 차량 이동 중에 잔뜩 긴장한 채 울던 오월이에게 연신 "오월아, 괜찮아, 괜찮아"를 외치며 안심시키는 것 말고, 내가 할 수 있는 건 없었다. 병원까지 가는 20여 분 동안 등에서는 식은땀이 났고 과연 지금 내가 하는 행동이 잘하고 있는 건지 섣부른 판단인 건지 혼란스럽기만 했다.

초보 집사의 하루하루

반려묘를 키워 본 경험이 전무후무한 초보 고양이 집사는 주변 집사들의 조언을 참고삼아 어설픈 대로 화장실을 준비하고, 스크래쳐, 밥그릇 등을 준비해 놓고 나름 오월이를 맞을 준비를 했다. 길에서 생활한 아이다 보니 각종 검사부터 예방 접종까지 하느라 이틀을 병원에서 있어야 했다. 병원에서 집으로 데려가는 길에도 불안한 마음이 컸는지, 병원 갈 때와 마찬가지로 계속 울어대는 오월이를 보면서 과연 잘 돌볼 수 있을지 걱정되었다.

병원에서 꼬질꼬질 때 구정물을 씻어내고 나니 운동장

트랙에서 만났던 그 오월이는 어디 갔는지 겨우 이틀 만에 세상 사랑스럽고 새초롬한 모습의 매력냥이로 변해 있었다.

만난 지 석 달 만에 성사된 우리의 묘연. 태어나보니 길 위였더라는 길고양이 이야기는 들을 때마다 마음 아팠는데 그날부터 우리는 가족이 된 것이다. 가족이 되어 집에 들인 이상 이젠 되돌릴 수도, 무를 수도 없는 상황이라 마음 한편으로는 받아들이면서도 다른 한편으로는 불안해하고 우는 오월이를 보면서 착잡한 마음이 들었다.

집에만 데려오면 모든 게 해결된다고 생각했던 내 생각은 큰 착오였다. 처음 집에 들어온 날부터 녀석은 사흘을 내리 잠만 잤다. 길냥이들을 집에 데려오면 길 생활의 피곤함을 몇 날 며칠 깊은 잠으로 푼다는 말을 들은 적이 있었는데, 오월이 역시 그런가 싶어서 마음이 짠하고 애틋했다. 하긴, 공격당할 걱정 없이 조용하고 따뜻한 곳에서 무방비 상태인 적이 없었을 테니 잠이 저절로 깊게 들 것 같았다.

하지만 그 애틋함도 잠시, 사흘을 내리 자고 난 다음 날부터가 문제였다. 길에서는 그렇게 순둥순둥하던 녀석은 밤이면 밤마다 현관문 앞에서 문을 긁어대며 슬프게 울어댔고 잘 받아먹던 츄르도 받아먹질 않았다. '다시 나를 그 자리에 데려다 다오'라는 결연한 눈빛으로 베란다 구석 자리에 숨어 나오질 않는 것이다. 어떻게든 꺼내 보려고 시도하면 더욱더 깊은 곳으로 숨어 들어가서 초보 집사인 나는 애만 탔다.

어쩌다 한번 몸을 만지는 일이 있어도 날카롭게 발톱을 세우거나 하악질도 하지 않고, 순하디순한 양처럼 죽은 듯이 웅크리고 있던 그 모습이 너무 짠했다. 직장을 다니다 보니 이른 시간 출근을 해야 했고, 퇴근 후 서둘러 집에 돌아와서도 혹시나 거실에 있다가 나를 보면 도망치지 않을까 싶어 현관문을 여는 것도 여간 신경 쓰이는 게 아니었다.

"오월아, 오월이 어디 있니?"

조심스럽게 비번을 누르고 숨죽여 현관을 들어서면서 아이 이름을 애타게 부르지만 보이질 않았다. 여전히 옷장 구석이나 박스가 잔뜩 쌓인 베란다 구석 자리에 얼굴을 파묻고 나오지를 않았다. 힘든 길 생활에서 해방되어 따뜻하고 시원한 집에서 편히 살게 해 주고 싶던 내 마음이 잘못된 걸까? 길에서 자기 나름의 방식으로 잘살고 있는 아이에게 내가 괜한 짓을 했나? 하는 자책감과 미안한 마음이 실타래처럼 얽혀서 오월이 곁에서 밤새 잠을 뒤척인 날도 참으로 많았다.

열심히 사들인 낚싯대나 방울 달린 장난감도 오월이에겐 무용지물이었다. 몸을 세우고 뭉툭한 앞발로 날렵하게 낚시하는 모습이 내가 익히 알고 있는 일반적인 고양이 모습이었는데, 장난감을 들이대면 쏜살같이 도망가기 일쑤고, 다가가면 다가갈수록 뒷걸음질 치는 오월이 모습에 너무 속이 상하고 애가 탔다.

"털의 관리나 귓속이 깨끗한 상태로 봐서 누군가 집에서 키우려고 데리고 갔다가 다시 길에다 버린 것 같기도 해요. 길고양이는 이렇게 귀가 깨끗할 수가 없거든요."

"왜요? 이렇게 이쁜 아이를 어떻게 버리죠?"

"병치레가 잦아 병원 가는 일이 많아지니까 돈도 많이 들고 힘도 들고, 그래서 버려진 거 아닐까요? 이건 어디까지나 추측이에요."

길 생활을 하던 아이라 검사도 필요하고, 오월이 건강을 체크하기 위해 처음 병원에 데리고 간 날 담당의사 선생님의 말씀이었다.

병원에 맡기고 집으로 오는 길에 한 생명을 끝까지 책임지지도 못할 거면서 데리고 갔다가 길에다 다시 버린 그 주인에게 너무 화가 났다. 주인이라 생각했던 사람에게 다시 버림받아 길 위에 놓였을 때 오월이의 마음은 어땠을지 싶어서 마음이 저렸다. 안쓰러운 동시에 오월이에 대한 책임감이 더 무겁게 다가왔다.

퇴근 후 현관문을 열고 들어서면 오월이 동선부터 챙기게 되었다.

유난히 무더웠던 여름, 실외기가 있는 오래된 아파트 베란다, 그 후덥지근한 곳에서 오월이는 여름을 지냈다. 가까이 다가가면 더 멀리 도망가 버리는 오월이를 멀리서 바라보며, 나 역시 에어컨도 자제해 가며 함께 무더운 여름을 보냈다.

가을을 넘어 초겨울의 문턱을 넘어서도 오월이는 여전히 주변을 맴돌 뿐 곁을 내 주지 않았다. 다시 버려질지도 모른다는 불안감 때문이었을까, 아니면 이젠 사람에게 마음을 내 주지 않기로 작정을 한 걸까? 여전히 우리를 경계하고, 혼자만의 시간 속에서 살고 있었다.

아빠를 보내고 다른 사람들과의 관계를 멀리한 채 혼자 시간을 보냈던 내 모습이 겹쳐 보였다. 그래서 '시간이 오래 걸려도 기다려 줄게'라는 생각으로 다시 한번 마음을 비우려 애쓰며 내려놓고 지냈다.

"오월아, 언제가 되어도 좋으니, 네 마음이 열리면 내 곁으로 와. 그때가 언제가 되든 기다리고 있을게."

고양이를 길러본 경험이 없다 보니 사료, 숨숨집, 스크래쳐 등의 모든 것을 선택하고 결정하는 데까지 많은 시행착오를 거쳤다. 주변에서 권해 주는 숨숨집을 여러 개 준비해 놓고 들어가 주길 기다렸지만, 오월이는 숨숨집은 뒷전이고, 어둡고 구석진 곳만 찾아서 들어갔다.

브랜드명만 들어도 알만한 고가의 사료도 무용지물이었고, 길냥이들을 챙겨 주려고 구입한 저가의 사료를 더 선호했다. 비싼 음식도 먹어본 사람이 먹는다고 하던 그 말이 고양이에게도 예외는 아니었다.

화장실 모래도 두부 모래가 천연이라서 좋다는 이야기를 듣고 사용했는데 먼지가 많아서인지 눈에 눈곱이 심하게 끼고 결막염 증상이 심해져 여러 차례 제품을 바꾼 후에야 제자리를 잡았다. 습식 사료도 예외는 아니어서 적응하는 데 시간이 걸렸다. 하나에서 열까지 쉬운 선택이 없었고 어느 것 하나 수월하지 않았다.

고양이들은 물을 잘 먹지 않아 방광염이나 신장이 안 좋다는 얘기를 많이 들었는데 오월이도 예외는 아니었다. 방광염 진단을 받고 아침저녁으로 알약을 먹여야 했는데 초보 집사인 내게는 참으로 힘든 일이었다. 아침저녁 출근길마다 먹지 않으려고 피하고 눈치 빠르게 숨는 아이를 잡았다가 놓치며 약 먹이는 전쟁을 반년 넘게 치렀다. 병원에서 세 살이라고 추정한 오월이는 타고나기를 약하게 태어난 건지 아니면 고된 길 생활로 인해서 면역력이 저하된 건지, 결막염을 늘 달고 살았고 구내염도 심해 각종 약을 먹어야 했다. 사료에 약을 뿌려 주어도 먹지 않고 츄르에 약을 섞어도 귀신같이 알아채고 외면하다 보니 약 먹이는 일이 제일 힘들었다. 아픈 오월이를 돌보면서 1년 반 가까이 아빠를 간호하던 때가 자주 떠올랐다.

아빠를 돌보는 일도 처음에는 만만치 않았다. 어느 날 시작된 병원 생활. 본인 힘으로 움직일 수 없다는 것에 대해 많이 힘들어하셨고 누군가의 도움을 받아야 하는 것을 많이 부담스러워하셨다. 재활의학과, 감염내과, 신경과……. 끼니마다 챙겨 먹는 약의 양이 어마어마했다. 여러 번에 나누어 힘겹게 약을 넘기시는 아빠를 보는 일도 내겐 큰 숙제였다.

사람이든 동물이든 누군가를 돌보는 일은 사랑이 없으면 해 낼 수 없다는 생각이 든다. 오월이를 돌보며 돌아가신 아빠 생각이 많이 났다. 처음에는 가족의 도움을 탐탁지 않게 생각했던 아빠였지만, 날마다 퇴근해서 묵묵히 곁에서 돌봐드리는 시간이 쌓이다 보니 자연스럽게 나의 마음을 받아들이셨던 모습이 떠올랐다.

기다림의 시간

어느 날, 갑자기 아빠에게 찾아온 '뇌경색' 진단은 우리에게 청천벽력 같았다. 운동 신경으로 마비가 와서 움직이는 건 어려워지셨지만, 불행 중 다행으로 언어 신경 쪽은 비껴가서 그래도 어느 정도 의사소통이 가능한 게 그나마 감사했다. 병원 생활이 시작되고, 하루 대부분을 누워 지내시는 아빠를 보니 기가 막혔다. 그 누구보다 건강을 확신하시고, 한겨울에도 날마다 산을 타시던 분이었는데 누군가의 도움 없이는 움직이는 게 힘들고 병원 창밖으로 바라보는 세상이 전부가 되어버리시다니.

"지금이 몇 신데 아직도 이불속에 있는 거야?"
"아, 일요일인데 좀 놔두세요."
"일요일이 무슨 상관이야. 얼른 일어나. 기상! 기상!"

어린 시절 아빠는 군대 훈련소에서 받는 점호만큼 큰 소리로 우리 방을 차례로 여시며 휴일 아침에도 일찍 깨워 함께 약수터를 데리고 가셨다. 늦잠 자는 건 용납하지 않으셨다.

"여기가 군대예요? 애들 좀 푹 자게 내버려 두지."

"학교생활이든 직장생활이든 부지런하지 않으면 견뎌 내기 힘들어. 어릴 때부터 습관이 들어야지. 습관이 얼마나 중요한지 알아? 얼른 일어나, 어서어서."

군 생활을 오래 하셨던 아빠는 모든 일에 있어 자기관리가 철저하셨고, 약속 시간을 칼같이 지키는 건 기본이었다. 매사에 빈틈이 없고 부지런하셨다. 정해진 규칙, 규율을 어길 시에는 우리는 그에 따른 대가를 치렀다. 늘 빈틈없고 정확하고 매사에 철저하신 아빠이다 보니 때론 이야기를 나누면서도 소통이 어렵고 때론 숨 막히기도 했다. 굳건한 아버지는 누군가에게 기댄 적이 없었다. 오히려 온 가족과 주변 사람들이 기대는 그런 분이셨다.

병실이 없어 이틀 밤을 응급실에서 지새며 패혈증으로 사경을 헤맬 때, 의사는 아빠가 오늘 밤을 못 넘길 수도 있다고 했다. 지금도 그 밤을 잊을 수가 없다. 의사의 목소리가 생생히 기억난다.

"하느님, 아빠를 살려 주세요. 평생 당연하게 받기만 했으니 그걸 갚을 기회를 주셔야죠."

세상의 모든 신을 떠올리며 밤새워 기도하며 뜬눈으로 밤을 새웠다. 내 기도가 하늘에 닿았는지 다음 날 아침, 아빠는 선명한 얼굴로 정신을 차리셨다.

석 달의 병원 생활 끝에 아빠는 재활병원으로 옮겼다. 옮긴 후에도 퇴근 후 아빠를 돌보는 일은 계속 이어졌다. 병원 생활이 길어져도 아빠의 상태는 호전되지 않았고, 나도 서서히 지쳐갔다. 어느 날 병원에 가니 아빠가 용변 실수를 해서서 침대 시트가 더러워져 있었다. 간호사는 약을 바꾸는 과정에서 얼마든지 일어날 수 있는 일이라 했다.

지쳤지만 아빠가 불편하실 것 같아 서둘러 치우려 하는 참이었다.

"아빠 내가 도와줄게. 얼른 씻자."

"싫어. 엄마 곧 올 거야."

"엄마도 노인이라 힘들어. 그리고 엄마 오려면 한참 있어야 해."

"그래도 싫어. 안 해."

"병실에 다른 사람도 있는데 이렇게 고집 피운다고 될 일이 아니잖아. 아빠. 제발 부탁이야. 내가 잘할 수 있어. 나 어릴 때 아빠가 해 준 것처럼 내가 아빠 도와줄게. 응?"

병실에 냄새가 진동하는데도 아빠는 고집을 피우며 한사코 거부했다. 그에 질세라 나 역시 아빠를 계속 설득했다.

"아빠. 누구나 도움이 필요할 때는 도움을 받는 거야. 그게 가족이지. 고집 피우고 안 한다고 해서 될 일이 아니잖아. 병실에 계신 분들도 생각해야지. 안 그래 아빠?"

한참을 망설이고 고민하시다가 나의 간절한 설득에 아빠는 마지못해 고개를 끄덕였다.

목욕실에서 씻는 내내 눈을 질끈 감고 계셨던 아빠의 모습이 지금도 생각난다. 아무리 도움이 절실한 상황이라 해도 다 큰 자식에게, 그것도 성별이 다른 딸에게 당신의 몸을 맡기는 건 아주 불편했을 것이다. 나도 아빠의 그 마음을 알기에 소리 없이 온 맘을 다해서 정성껏 씻겨 드렸다. 아빠이기 이전에 자식으로서 그냥 당연히 해야 할 일이라고 생각했기에 땀으로 범벅이 되어도 그건 아무런 문제가 되지 않았다.

남한테 의지하지 않고 자기 일은 스스로 하셨던 분이 내 부탁을 받아들이기까지 얼마나 고민을 많이 하셨을지……. 지금 생각해도 나에게 마음을 열어 주셔서 고마울 뿐이다.

퇴근 후 날마다 병원으로 출근해서 병간호하는 일은 쉽지 않았다. 아픈 사람들을 항상 봐야 하고, 날마다 병원

응급실로 들어오는 구급차도 적응되지 않았다. 눈에 들어오는 상황들이 늘 위급하고 긴박한 상태들이다 보니 병원 생활은 때론 힘들고 버거웠다.

여행 모임에서 만난 언니는 병간호하느라 힘든 나에게 이렇게 말했다.

"힘은 들겠지만 즐거운 맘으로 간호해. 돌아가신 후에도 후회 없을 정도로 정성을 다하고, 무엇보다도 기왕 하는 거 기분 좋은 맘으로 돌봐드려. 아빠가 너한테 갚을 시간을 주신 거라 생각해."

몸이 녹초가 되고 마음도 한없이 약해지던 내게, 즐거운 마음으로 돌봐 주라던 언니의 말은 큰 힘이 되고 자극이 되었다.

아빠는 퇴근 시간이 가까워져 오면 내가 언제 오냐고 항상 물으셨다고 한다. 병상에 누워 계시는 아빠 곁에 껌딱지처럼 붙어 하루 있었던 일을 조잘거리며 이야기해 주고, 아빠 틀니를 정성스럽게 닦아서 끼워드리고 걷는 연습을 하고 씻겨 주었던 막내딸이 싫지는 않으셨나 보다.

아빠가 날 기다린다고 생각하게 되면서, 처음에 의무감만으로 병원에 가던 마음이 설렘으로 바뀌었다. 표현에 인색한 아빠가 "미안하다, 나 때문에 고생이 많다"고 한마디 해 주시는 날에는 더욱 힘이 났다.

아들이 많은 우리 집에서 유일한 딸이었던 조카 녀석을 아빠는 무척 예뻐하셨다. 그래서인지 조카는 우리 집에서 생활하며 퇴근 후에 간호를 반년 넘게 함께 했다. 혼자서 하기 힘든 일을 함께하다 보니 힘들 땐 서로 의지가 되고 기댈 수 있는 존재가 되어 엄청나게 큰 에너지가 되었다.

"할아버지, 사랑해, 내일 또 올게."

걷기훈련을 마친 아빠를 씻겨 드린 후, 잠자리까지 다

살펴드리고 병실 문을 나서면서 조카 녀석은 늘 사랑한다는 말로 인사를 건네며 하루를 마무리했다. 그런데 어느 날 조카가 나에게 말했다.

"고모, 고모도 사랑한다고 해."
"갑자기 사랑은 무슨……. 꼭 말로 해야 아나?"
"아빠인데, 사랑한다는 말이 뭐가 어려워. 얼른 해드려."

누워서 나를 빤히 쳐다보시는 아빠 앞에서 자꾸 재촉하니 여간 어색한 게 아니었다.

"아빠, 사랑해, 잘 자. 내일 또 올게."

조카의 등쌀에 떠밀려 기어들어 가는 목소리로 말하고 귓불이 빨개진 걸 들킬까 봐 서둘러 자리를 떠났다.
처음 한 번은 어려웠지만, 한 번 사랑한다고 고백하고

나니 두 번은 어렵지 않았다.

    어느 날 직장 회식으로 병원에 가기 어려운 날이었다. 시계를 보니 저녁 9시 반, 늦은 시간은 아니지만 아빠는 벌써 잠이 드셨을 시간이었다. 잠든 아빠의 얼굴이라도 보고 가자는 마음에 병원으로 향했다. 병실 문을 조심히 열고 잠든 아빠의 얼굴을 가만히 들여다보는데 아빠가 눈을 뜨셨다.

    "앗, 아빠 미안, 나 때문에 깼어?"
    "시간이 늦었는데 힘들게 뭐 하러 왔어? 내일 출근 해야지."
    "아빠 보고 싶어서 왔지. 아빠 나한테 해 줄 말 없어?"
    "무슨 말?"
    "내가 날마다 아빠한테 해 주는 말 있잖아?"
    "……."
    "아빠 나 사랑하지?"

"……."
"아빠가 사랑한다고 해야 나도 집에 가지."

불 꺼진 병실에서 그것도 늦은 시간에 사랑 타령을 하는 막내딸이 못내 안쓰러웠는지 아빠는 내 질문에 마지못해 고개를 끄덕이셨다. 직접 사랑해, 라는 말을 들은 것도 아니었는데도 아빠의 끄덕임만으로도 집으로 오는 내내 기분이 날아갈 것 같았다.

오월이의 곁

사람과 사람 사이에도 관계의 호전을 위해서는 기다림의 시간이 필요한 것처럼, 모든 관계에서는 기다림의 시간이 필요하다는 생각이 든다.
무슨 일이든 쉽게 단정 짓지 말고 쉽게 속단하지 말고 조급함을 버려야 기다림의 시간이 의미 있게 다가온다는 걸 아빠를 돌보면서 알게 되었다. 1년 반이 넘는 시간 동안 아빠를 즐겁게 돌봐드릴 수 있던 것도 오래 참고 기다리면 마음이 열릴 거라는 믿음이 있어서 가능했다. 기다림은 나를 돌아보게 하고 모든 것을 받아들이는 넓은 마음을 갖게 하는 힘이 되었다.

세상 가장 부드럽고 푹신한 오월이가 곁을 내준 건 집에 온 지 8개월의 시간이 흐른 뒤였다. 아빠를 떠올리며 기다리는 시간과 정성이 쌓이면 곁을 내주게 된다고 생각했다. 그래서 오월이를 돌보면서 조바심 내지 않고, 언젠가는 내게 마음을 열 거란 믿음으로 재촉하지 않았다. 오월이를 돌보는 데 최선을 다하고, 마냥 기다려 주자고 다짐했다. 아빠를 돌봐드린 때처럼 매 순간순간 즐거운 마음으로 대하는 데만 집중했다.

그날은 이른 퇴근으로 동네 슈퍼에 들러 잔뜩 장을 봐서 들어갔다. 김치찌개를 끓이고 생선을 굽고 평소와 다르게 나물도 무치고 준비해 놓았는데 식구들이 저녁 약속이 갑자기 잡혀 늦는다는 전화가 왔다. 시간을 보니 7시 반이었다. 함께 저녁 먹을 생각에 한껏 들떠있었는데 맥이 빠졌다. 평소 같으면 혼자서도 예쁘게 상차림을 해서 먹는 편인데 그날은 맥도 빠지고, 기운도 안 나서 주방 싱크대 앞에 서서 저녁을 간단히 해결하고 치웠다.

전날 빨아둔 수건을 걸으러 베란다로 나갔더니 오월이는 베란다 창문 앞 캣타워에서 옆으로 누워 있었다. 가까이 가면 도망가던 때에 비하면 지금은 저렇게 누워 있는 모습을 보는 것만으로도 마음이 편하네, 싶었다.

햇볕에 바싹 마른 수건을 각 잡아 개서 색별로 분류해 놓고 나니 피곤이 몰려와 잠시 침대에 누웠다. 그때 뭔가 뭉클한 느낌이 들었다. 고개를 들어 옆을 보니 글쎄, 오월이가 내 옆에 바짝 붙어 앉아 있었다! 전혀 생각지도 못하고 있다가 펼쳐진 장면에 순간 울컥했다.

움직이면 달아날 것 같아 숨을 죽인 채 가만히 오월이의 몸에 손을 올려 보았다. 복슬복슬하고 따뜻했다. 이 순간을 기다렸다는 듯이 머리를 비비며 내 손길을 받아 주는 오월이의 모습을 보며 감격스러워 눈물이 났다. 그토록 긴 기다림 끝에 어느 날 조용히 내 곁으로 다가와 몸을 비비며 곁을 내어 주고 온기를 전해 주는 오월이가 정말 고마웠다. 긴 시간 끝에 느낀 오월이의 곁은 너무도 따뜻했고 포근했다. 그 간의 시간을 보상이라도 하듯 오월이는 세상 편한 자세로 얼마든지 만져도 좋다는 듯이 마음을 열어 주었다.

나름대로 순간순간 힘들었던 8개월의 시간이 부메랑처럼 되돌아와 이렇게나 뭉클하고 따뜻한 시간으로 보상받으니 참 행복했다. 때론 포기하고 싶었던 적도 있었지만, 긴 시간을 지치지 않고 묵묵히 버틸 수 있었던 건 아빠를 돌보던 시절, 서로 소통하며 마음을 열고 사랑한다고 말할 수 있는 그 기다림의 시간이 있어서 인 건 아닐까. 밖은 한겨울이었지만 내 곁에 와 준 오월이 덕분에 우리 집엔 성큼 봄이 다가와 있었다.

아빠를 보내고 힘든 시간을 근근이 버텨낼 때 우연처

럼 나타나 준 치즈 고양이 오월이.

힘든 시점에 우연 같은 숙명으로 다가와서 내게 손을 내밀어 준 오월이.

오월이라는 달을 더 특별하게 만들어 준 오월이.

한 생명을 끝까지 책임져야 하는 입양은 결코 가벼운 마음으로 시작할 수 없는 일이다. 책임감이 따르는 일. 하지만, 그 무게를 견딜 가치는 충분하다는 걸 알려 주고 싶다. 비록 말은 못 하는 녀석이지만 서로 통하는 따뜻함은 큰 위로가 되었다. 이 작은 생명체가 내 삶에 비집고 들어오면서, 아빠가 떠난 후 마음을 잡지 못하고 방황하던 빈자리를 충분히 메워 주었다.

업무에 치이고 사람에 치이는 우리의 일상에서 털 달린 동물이 주는 따뜻한 위안은 함께 살아보고 경험해 본 사람만이 느낄 수 있는 감정이다. 힘든 하루를 보내고 집에 돌아와 몽글몽글하고 말랑말랑한 따뜻한 생명체가 주는 기쁨과 위로를 누려보지 못한다는 건, 어쩌면 불행한 일일지도 모른다.

고양이와 생활하는 집사들이라면 백배 공감할 것이다. 뭉툭한 앞발을 가지런히 모으고 집사를 바라보거나, 귀여운 솜방망이 발로 공을 툭툭 굴려 장난치는 모습에 심장을 부여잡게 된다는 것을.

기다림의 끝은 해피

잠깐 열어놓은 10층 베란다 창문 앞에서 오랜 시간 밖의 풍경을 넋 놓고 무심히 쳐다보는 오월이 모습을 볼 때가 자주 있다. 사람이나 동물이나 사랑받으면 이뻐진다는 말처럼, 다섯 살 오월이는 반질반질 예쁜 고양이가 되었다.

우리 집에 오기 전 길냥이였던 오월이는 두 번의 생일을 거치며 진짜 우리 가족이 되었다. 내가 미처 가늠해 볼 수도 없는 길고양이 생활의 치열함과 고단함이 아직도 오월이 등에 묻어나는 것 같아서, 때론 뒷모습을 바라보는 것만으로도 울컥하다. 어쩌면 상처로 남았을 잘린 귀마저도 유일한 오월이의 표식처럼 느껴져서 짠하고 애틋해진다.

> 기다림의 끝은 기적이 되고
> 기적 같은 우린 운명처럼
> 서로를 알아보고 그렇게 눈앞에 서 있죠.

노래 가사처럼 2년 전 우리는 서로를 알아보고 기다림 끝에 가족이 되었다. 그날의 장면과 풍경은 내 기억 속에서 늘 서성인다. 오월 봄의 밤공기, 덩굴장미 향기, 공원의 낡은 나무 계단과 그 자리를 지키고 있었던 꼬질꼬질했던 내 사랑 오월이의 모습이 지금도 선명하다.

굳이 말하지 않아도 전해지는 온기를 느낄 수 있고, 머리와 온몸으로 내 몸 곳곳에 들이대며 반갑다고 표현하는 모습도 사랑스럽다. 나를 거부하고 경계하던 예전의 모습과 180도 달라진 모습으로 내게 행복을 준다. 현관문을 열고 들어서면 멀리서 눈빛으로 반겨 주고, 주방에서 음식을 만들 때면 어느샌가 소리 없이 올라와 내 옆을 지켜줄 때면 큰 기쁨을 느낀다.

고양이는 결코 재촉하는 법이 없다. 사료를 줄 때도 화장실을 치워 줄 때도 품위 있고 도도하게 앉아 묵묵히 기다려 준다.

우리 집은 여러 개의 캣타워와 높이 쌓아놓은 빈 상자들이 즐비하다. 책장도 군데군데 비어있는데, 높은 장소를 좋아하는 오월이를 위한 배려다. 집에 놀러 오는 지인들은 사람이 사는 집인지 고양이가 사는 집인지 분간이 어렵다고 하지만 함께 살게 된 이상 서로가 이로운 방향으로 조화를 이루며 살아가는 게 정답 같다.

오늘도 집안 곳곳엔 고양이 털이 수북이 쌓이고 날리며 날마다 모래와의 전쟁이다. 그런데도 지치지 않는 건, 별것도 아닌 이 작고 하찮은 털 뭉치가 내 삶에 준 영향력이 너무 커서 그 정도는 기쁘게 감당할 수 있기 때문이다. 오월이와 함께하는 시간이 흐를수록 좋은 감정이 쌓이며, 우리는 눈빛으로 교감하는 사이가 되었다. 언제나 폭신폭신한 솜뭉치를 안아 주는 일은 행복 그 자체다. 힘들 때 내게 선물처럼 와 준 오월이는 하늘나라에 계신 아빠가 힘내서 열심히 살라고 막내딸에게 보내 주신 거라고 믿고 싶다. 오월이와 함께 지내며 더불어 사는 일상을 사랑하게 되었다. 오늘도 참치통조림을 따 주고 한발 물러서서 열심히 먹고 그루밍하는 모습을 흐뭇하게 지켜보며 하루를 마무리한다.

"오월아, 이젠 배고플 일도 없고, 더울 일도 추울 일도 없어. 우리 오래오래 행복하게 함께 살자."

우리 집엔 날 기다리는 고양이가 있어. 우리가 가족이 되고, 집안은 오월의 봄으로 가득 찼어. 너와 함께라면 늘 오월이야.

자매의 별

오혜지 작가

아침의 지하철에서, 점심시간 길거리에서 우르르 쏟아지는
무리 속 평범한 직장인입니다.
퇴근 후 다시 키보드에 손을 올려놓고 내 안에 있는 이야기를
또각또각 꺼내보고 있습니다.

행복한 아침 인사

하얀 천으로 만든 집에 '오별이네'라고 분필로 서툴게 쓴 까만 간판이 달려 있다. 살금살금 다가가 그 안에 곤히 잠든 작고 하얀 강아지에게 들릴 듯 말 듯 고백한다.

"사랑해."

여름이면 반짝 눈을 뜨고 겨울에는 계속 잔다. 지금은

한여름. 눈을 맞추며 마저 인사를 건넨다.

"잘 잤어?"

작고 하얀 강아지의 꼬리가 천천히 말려 올라간다. 밤 사이 따끈하게 데워져 꼬순내가 폴폴 나는 그의 등에 천천히 손을 올린다. 몇 번 쓰다듬지도 않았는데 금세 혀를 날름거린다. 그만하고 가라는 표시다.

"그러게, 누가 아침부터 예쁘래?"

살짝 뾰로통하게 답하며 아쉬운 손을 뗀다.
별이와 함께 시작하는 우리 집 아침 풍경이다. 날마다 반복해도 변함없이 행복하다.

별이는 올해로 열두 살이 된 몰티즈 강아지다. 내 눈엔 아직 '아기'지만 밖에선 '노견'이라고 호텔링도 받아 주지 않는다. 우리 자매와 함께 한지도 벌써 10년이다. 처음 봤을 때의 솜사탕 같은 모습이 아직도 이렇게 선한데. 시간이 참 빠르다.

삐걱거리는 동거

어릴 적부터 상경에 대한 동경이 있었다.

1년에 두 번 명절이 다가오면 할머니는 우리 자매를 데리고 시장 안에 있는 옷 가게에서 새 옷을 사 주셨다. 고르고 고른 옷을 입고 일산에 있는 큰아버지 집에 가는 내내 나는 언니들과 놀 생각에 신나있었다.

"혜지, 은지 왔구나!"

반가이 맞아주는 언니들은 어린 내 눈에 서울 사람 그 자체였다. 늘 듣는 사투리와는 다른 조곤조곤한 말투, 뽀얀 피부에 세련된 옷차림을 한 언니들 옆에 서면 왠지 모르게 주눅이 들었다. 날개옷처럼 예쁘다고 생각한 새 옷도 금세 촌티가 묻어 보였다.

고향 집에선 놀러 가면 늘 바닷가였는데, 큰집에 가면 신나는 모험이 가득한 놀이공원에 갔다. 지금은 지겹게 타야 하는 지하철도 그때는 서울에 있는 것만으로 놀이기구 타는 기분으로 타곤 했다.

운 좋게 대학 졸업반일 때 취직했다. 두 군데 회사에 붙었는데 한 곳은 고향, 한 곳은 서울에 있었다. 고향에 있는 회사가 연봉이 더 좋았지만, 나는 고민 없이 서울행을 택했다. 다른 지역에서 학교 다녔던 동생도 같은 시기에 취업했다. 심지어 위치도 가까워서 우리는 중간으로 집을 구해 같이 살았다.

서울에서 사는 꿈이 이뤄졌다며 설레는 마음으로 시작한 자취생활은 생각과는 전혀 달랐다. 쥐꼬리만 한 수습 월급으로 처음 내보는 비싼 월세와 공과금도 그러했고, 사회 초년생 신분으로 내내 지속되는 긴장감에 영화 한 편을 졸지 않고 본 적이 없을 만큼 피로에 시달렸다.

하지만 그보다 나를 당황 시켰던 것은 고향 집에서 같이 살 때와는 다른 모습의 동생이었다.

지금도 가끔 대학 시절을 어떻게 지냈던 거냐며 농담처럼 묻곤 하는데, 딱 그 시절을 전후로 순했던 동생은 완벽한 개인주의자가 되었다.

나의 경우는 40~50대가 주로 있는 사업장을 관리하느라 한참 애를 먹고 있었다. 얕보이지 않아야 한다는 강박에 말투도 지시형으로 딱딱해졌다. 선 긋는 동생과 선 넘는 언니가 타지에서 자취를 시작한 것이다. 자연스럽게 사소한 일에도 다툼이 생겼다.

"거기 손톱깎이 좀 줘."
"필요하면 언니가 가져가. 시키지 말고."
"바로 네 옆이 서랍이잖아. 손만 뻗으면 되는데 그게 힘들어?"

"응, 힘들어. 제발 시키지 좀 마. 내가 언니 부하야?"

"참 나. 누가 들으면 대단한 거 시킨 줄 알겠다. 치사해서 진짜."

다섯 평짜리 좁은 원룸에서 하루가 멀다고 날 선 말들이 오갔다. 집안일 문제로 신경전을 벌이는 일도 허다했다. 싱크대에는 설거짓거리가 며칠씩 그득했고 분리수거함에선 좋지 않은 냄새가 났다. 안 되겠다 싶어서 내가 먼저 방법을 제안했다.

"집안일 담당을 정하자. 분리수거는 누가 하고 이런 식으로."

"해야겠다 싶을 때 하면 되잖아. 내 집에서까지 일처럼 정해놓고 해야 해?"

인상을 찌푸리며 동생이 대답했다. 입장 차이는 여전했다. 그래도 그날만큼은 동생도 말을 내뱉고 마음에 걸렸나 보다. 평소 청소 거리를 방치하고 내가 할 때까지 손도 까딱이지 않았던 동생이, 밤늦도록 냉동고를 청소하며 화석이 되어가는 음식물들과 씨름했다. 물론 좋은 표정으로 하지는 않았지만, 행동으로 보여 주는 동생을 보며 나도 조금 더 집안일에 신경을 쓰기 시작했다.

그렇게 집이 쓰레기장이 되는 일은 멈췄지만, 우리 사이의 앙금은 남아있었다. 회사에 다니고, 친구를 만나며 일정을 소화하고 집으로 오면 아무리 피곤해도 바로 쉴 수 없었다. 싸우기 싫다 보니 서로 눈치 보느라 피로를 이겨가며 각자의 집안일을 할 뿐이었다.

시간이 흘러 월셋집에서 전셋집으로 이사를 하고 평수도 살짝 넓어졌지만, 상황이 크게 바뀌지는 않았다. 그렇다고 따로 살 만큼의 돈이 있는 것도 아니었다. '하울의 움직이는 성'처럼 삐걱거리는 자매의 동거가 계속되었다.

별이를 데려오다

"우리 집에 강아지 있는데 보러 올래?"
"너 강아지 키웠어? 몰랐네. 무슨 종이야? 이름은?"
"몰티즈고 이름은 별이야. 눈이 별처럼 반짝반짝해서 별이라고 지었어."
"귀엽겠다. 그래, 별이 보러 가자."

친구의 갑작스러운 제안에 답해놓고 조금 걱정이 되었다. 그전까지 가까이해 본 강아지라고는 1년에 두 번 가는 큰집에서 키우는 치와와가 전부인데 녀석이 꽤 사나운 편이라 제대로 만져본 적도 없었기 때문이었다.

막상 친구 집에 가보니 걱정이 무색할 만큼 조그맣고 하얀 몰티즈가 꼬리가 떨어져라 흔들며 반기고 있었다. 그 귀여움에 연신 감탄했지만, 선뜻 손은 가지 않았다. 그 유명한 '몰티즈는 참지 않아'라는 말도 있지 않은가.

엉거주춤 서 있는 낯선 사람에게 별이는 배까지 발랑 드러내며 온몸을 내맡겼다. 그 핑크빛 배에 난 솜사탕 같은 부드러움에 조금 용기를 내어 손을 내밀었다. 별이도 쉴 새 없이 내 손을 핥았다. 그렇게 우리는 서로에게 닿는 첫 신고식을 시작으로 거의 매주 보는 절친이 되었다.

알고 보니 별이는 '우리 개는 물지 않아'에 진짜로 해당하는 강아지였다. 얼마나 순한지 양치할 때 말고는 이빨 구경할 일이 없었다. 심기가 불편하면 혀를 날름거리며 자기 코를 핥거나 도망갈 뿐이었다.

별이가 안전한 강아지라는 확신이 들고부터, 나 역시 별이를 만나면 온몸으로 반가워했다.

그렇게 정이 들어가던 어느 날, 친구가 부탁을 해 왔다.

"출장을 가게 되어서 그런데 별이를 좀 맡아줄 수 있을까?"
"나는 괜찮은데, 동생한테 물어보고 얘기해 줄게."

물어본다고는 했지만, 답은 이미 'yes or yes' 중 하나 고르기였다. 동생은 큰집 강아지에게 물려가면서도 쫓아다니는 '강아지 러버'였다! 그렇게 동생과 별이의 만남도 자연스럽게 시작되었다. 동생 역시 별이에게 푹 빠져서 툭하면 언제 오느냐, 재촉하곤 했다.

별이는 점점 우리 집에 머무는 날이 늘었다. 그 시점에 우리는 약간 무리해서 방 세 개짜리 집으로 이사를 했다. 각자의 방도 생겼다. 학창 시절에 할머니와 같이 방을 썼기 때문에 처음으로 가져보는 자기만의 공간이었다. 그 소중함을 아는 만큼 서로의 방에 들어가는 일은 조심했지만, 별이가 있을 땐 얘기가 달랐다.

"별아! 우리 강아지 어디 갔지?"

"별이 내 방에 있어!"

"힝……. 보고 싶은데. 보러 가도 돼?"

"그래, 들어와."

각자의 방이 생기면서 한집에 있어도 얼굴 한 번 못 본 날도 있었다. 하지만 별이가 놀러 오는 날은 거실이든 누구 방이든 자연스럽게 함께 시간을 보냈다. 예전처럼 같은 공간에 있어도 각자 휴대 전화를 보며 키득거리는 모양새가 아니라, 별이와 장난치며 같은 대상을 향한 웃음을 공유하는 시간이었다. 평소에는 '탁' 닫는 방문도 이 방 저 방 기웃거리기를 좋아하는 별이를 위해 그 몸집만큼 꼭 열어 놓았다. 별이는 그 틈으로 종종대며 은하수 다리를 놓고 있었다.

한두 해가 지나고 친구가 별이를 키워 볼 생각이 있냐고 물어왔다. 말해 뭐해, 당연히 키우는 거지. 별이는 우리와 본격적으로 같이 살게 되었다.

여담인데 친구의 성은 이씨였고 우리나라에서는 강아지 이름에 성을 붙이는 일이 흔하니 별이의 풀네임은 '이별'이었던 셈이다. 사람처럼 강아지도 이름을 따라가는 건지. 전 주인과 이별한 별이는 우리 집에 와서 오씨 자매의 막냇동생 '오별'이 되었다.

귀여움의 무게

　20대부터 30대 초반까지는 잠이 참 많았다. 동생은 내일 일어나서 점심이나 같이 먹을까, 얘기하고 잠들었다가 오후 5시쯤 일어나서 첫 끼가 저녁이 되곤 했다. 나 또한 12시는 기본으로 넘겼다. 깨어있을 땐 회사에 가거나 친구를 만나기 바빴다.
　별이를 데려온 초반, 우리의 일과표에 별이가 차지하는 영역은 적었다. 우리는 별이와 노는 것과 별이를 키우는 것의 차이를 잘 몰랐다. 잠깐씩 맡아줄 때처럼 밥하고 물 잘 주고 예뻐하면 되겠지, 하고 단순하게 생각했다. 산책도 피곤해하며 억지로 나가곤 했다. 안타깝게도 그렇게 키운 강아지는 티가 난다. 반려인과 떨어지지 않으려고 하고 표정에서도 애정을 갈구하는 느낌이 든다.

"언니, 별이가 또 똥을 아무 데나 싸놨어!"
"별이 혼나야겠다. 쓰읍! 여기 안 된다고 했지!"
"이상하네. 실수 잘 안 하는 애인데 왜 그러지?"

묘하게 말썽이 늘어가는 별이를 마냥 혼내기만 했다. 퇴근하면 좀 쉬고 싶은데 떨어지지 않으려고 하고 볼 때마다 불쌍한 표정으로 양심의 가책을 느끼게 하는 별이가 슬슬 부담스럽기 시작했다.

"나 강아지보다 고양이가 더 맞나봐."
"무슨 소리야?"
"고양이는 혼자 잘 놀지 않아? 강아지는 너무 애정을 갈구해. 부담스러워."
"애정을 충분히 주기는 했고?"

대답이 쉽게 나오지 않았다. 예쁘다며 몇 번 쓰다듬는 것, 팔에 끼고 핸드폰만 보는 것으로는 충분하지 않다는 걸 자신도 잘 알고 있었다. 강아지가 엉뚱한 곳에서 배변하는 것이 불만을 표시하는 방법이라는 것도 나중에야 알게 되었다. 여러모로 부족한 반려인이 반려견만 탓한 셈이었다.

"별아, 언니 깨워!"
"오늘 몇 시에 들어와?"

서로 터치가 없는 생활을 해 왔지만, 이제는 둘만 사는 게 아니니까 달라져야 했다. 두 자매가 다 일어날 때까지 수시로 방을 들여다보는 별이 덕분에 자매의 주말 늦잠에 리미티드가 생겼다. 또 별이가 혼자 있는 시간을 최소화하기 위해 서로의 스케줄을 조절하기도 했다. 서로 누구를 만나는지 무엇을 하고 다니는지 몰랐고 관심도 없었는데 별이 덕분에 조금씩 소통이 시작된 셈이었다.

그렇게 우리는 조금씩 변화했고 별이도 우리의 노력이 느껴졌는지 금방 안정을 찾았다. 반려견의 세상은 반려인이 전부라는 말이 실감 나는 순간이었다.

'셔틀이'와 '소파'

 별이는 체구도 작고 입이 매우 짧은 편이어서 자율배식이 가능했다. 하루치 밥을 밥그릇에 부어놓으면 알아서 배고플 때마다 먹곤 했다. 그런데 날이 슬슬 더워지면서 별이가 눈에 띄게 입맛을 잃어가는 게 보였다. 간식으로 부족한 식사를 보충해 주었지만, 점점 사료를 더 먹지 않으려고 해서 그것도 좋은 방법은 아니라는 생각이 들었다. 그러던 와중에 나는 타지로 장기 출장이 생겨 동생에게 어려운 숙제를 내맡긴 채 잠시 집을 떠났다.

 "별아, 너무너무 보고 싶었어!"

 몇 달간의 출장을 마치고 별이가 너무 보고 싶어서 한

걸음에 집으로 왔다. 그런데 이게 웬걸? 요 녀석이 나를 못 알아보는 게 아닌가?

"별아, 언니야 언니!"
"언니한테 낯선 냄새가 나나 본데? 진짜 못 알아보는 듯."
"아니야. 그럴 리가 없어! 내가 무슨 몇 년을 비운 것도 아니고."
"어? 이제 알아보네? 난리 났다 별이."

낯설어하는 별이를 끌어안고 어떻게 이럴 수 있냐고 서운해하던 참에, 별이는 갑자기 돌변해서 토끼처럼 깡충거리며 반가워했다. 정말 별이의 기억에서 잊힌 줄 알고 철렁하던 가슴을 쓸어내리며 오랜만의 재회를 실컷 만끽했다. 출장 다녀왔다고 동생과 저녁도 거하게 차려 먹었다. 그런데 별이가 계속 동생의 다리를 쳤다. 이상했다.

"별아, 언니 밥 먹는데 왜 그래? 뭐 필요해? 물도 있고, 밥……. 밥그릇이 어디 있지?"

그제야 있어야 할 자리에 없는 것이 보였다. 별이의 밥그릇이 사라진 것이다.

"별이 밥그릇 설거지통에 있어? 배고프다고 그러는 것 같은데?"
"아, 내가 밥 먹고 챙겨줄게."
"그냥 부어 주면 되는데 뭐. 내가 할게."
"아니야. 별이 밥 먹는 게 좀 달라졌어. 이따 한번 같이 봐."

동생은 밥을 다 먹더니 정밀저울을 가져왔다. 거기에 그릇을 올리고 별이 사료를 정해진 그램 수까지 채운 뒤 꼬리를 살랑대며 기다리는 별이 옆에 털썩 앉았다. 그러고는 사료를 한 알씩 손에 올려서 별이에게 내밀기 시작했다.

"으잉? 한 알씩 손으로 준다고? 이걸 언제 다 줘! 딱 봐도 몇백 알인데!"

"생각보다 금방 먹어."

"원래 안 그랬잖아. 어쩌다 이렇게 주게 된 거야?"

"말도 마. 언니 가고 애가 밥을 잘 안 먹어서 얼마나 고생했는데. 그나마 이렇게라도 먹여서 살도 찌우고 한 거야."

"그래도 그렇지 매일 어떻게 이렇게 먹여?"

"내가 할 테니까 신경 쓰지 마!"

나는 이런 모습이 못마땅했다. 매일 매끼 저렇게 피곤한 얼굴로 몇백 알의 사료를 일일이 주고 있는데 신경이 안 쓰일 수 없었다. 별이에게 나쁜 버릇을 들였다는 생각도 들었다. 마음은 걱정과 안쓰러움이었지만 매번 말이 곱게 나가지 않았고, 동생은 동생대로 기분이 상했다. 나는 네 마음대로 하라며 밥 주는 일을 절대 돕지 않았다.

밥때마다 모른 척이 반복되던 어느 날, 동생이 며칠 자리를 비울 일이 생겼다. 며칠 동안 사료를 알알이 줄 생각에 벌써 심란했다. 가기 전날까지 동생이 밥 주는 모습을 보며 네가 365일 챙겨줄 수 있는 게 아니면 당장 그만두라는 말이 목젖을 치는 걸 간신히 삼켰다.

다음 날 눈을 뜨는데 순간 이때다 싶은 생각이 들었다. 위기를 기회로 삼아서 이 버릇을 내가 고칠 수 있지 않을까? 서둘러 유튜브를 검색해 보니 검색창에 '밥 안'까지만 입력해도 '밥 안 먹는 강아지'가 첫 번째 연관 검색어에 떴다. 나 같은 고민을 하는 사람들이 많구나, 싶었다.

어느 정도 검색해본 뒤 야심 차게 별이 스스로 밥 먹기 프로젝트인, '별스밥 프로젝트'의 두 가지 원칙을 세웠다.

첫째, 일정한 시간에 밥을 내주고 먹지 않으면 5분 내로 치운다.
둘째, 자주 놀고 산책도 자주 나간다.

첫 번째 방법은 강아지 대통령 강형욱 훈련사를 비롯

한 많은 사람이 공통으로 말하는 밥 안 먹는 강아지의 기본 훈련 방식이다. 이 방법으로 밥은 언제든 먹을 수 있는 게 아니라는 것을 강아지가 인식하도록 하는 것이다. 이렇게 딱 사흘만 하면 강아지가 배고픔을 못 이기고 밥을 먹기 시작한다고 한다.

두 번째는 별이가 밥 먹는 시간을 노는 시간으로 인식하고 있지 않나 해서 내가 세운 원칙이다. 동생이 없는 허전함을 다른 재미로 채워 주고 싶은 마음도 있었다.

첫날은 백 퍼센트 먹지 않을 것이라고 예상했기에 무난하게 흘러갔다. 둘째 날도 사료를 내줄 때마다 속으로는 제발 먹어달라며 빌고 있었지만, 겉으로는 태연한 척했다. 저녁 산책 때는 걷다 쓰러질까 걱정되어 안고 한 바퀴 돌기만 했다.

'딱 3일만'의 마지막 날.

대부분 반려인이 버티지 못하고 원래 습관으로 돌아간다는 날이고 나 또한 예외가 아니었다. 아침에 눈 뜨자마자 달려가 별이 집에 얼굴을 디밀고 숨 쉬는지부터 확인했다. 안 그래도 마른 편인 별이는 하얀 솜털이 되어 힘없이 자고 있었다.

"별아, 내가 미안해! 사료 주는 게 뭐라고. 일단 병원부터 가자."

급히 안고 다니던 동물병원을 찾았다. 진료를 기다리며 직원분과 이틀 꼬박 밥을 굶고 사흘째라는 얘기를 했더니 직원이 사료 샘플 하나를 찾아다 주셨다.

"이건 막 수술한 힘없고 입맛 없는 강아지들 줘도 신나게 잘 먹는 거예요. 이거 안 먹는 강아지는 없을걸요? 단점은 가격이 비싸다는 거 딱 하나에요."

그때 심정으로는 한 줌에 10만 원이라고 해도 샀을 것이기에 가격은 문제가 아니었다. 반신반의하는 마음으로 샘플 봉지를 뜯었는데 이럴 수가! 별이가 냄새를 맡으며 관심을 보였다. 그리고, 먹었다. 사흘 만에 드디어 먹었다. 그냥도 아니고 스스로 신나게 먹고 있었다.

　형언할 수 없는 기쁨과 감사함을 느끼며 진료 보기도 전에 사료부터 샀다. 의사 선생님도 지금 문제는 없는 상태이고 강아지는 배가 고프면 먹게 되어 있다며 걱정하지 말라고 하셨다. 진료도 잘 보고 사료와 평소 좋아하던 간식까지 사 들고 기분 좋게 집에 돌아왔다. 집에서도 별이는 예전처럼 스스로 밥을 먹었다. 동영상으로 촬영해서 동생에게 보냈더니, 동생도 다행이라고 했다.

　한 가지 의아한 점은 병원에서 사 온 사료는 그 뒤로 입에도 대지 않고 원래 사료를 먹었다는 것이다. 그 고급 사료는 친구가 키우는 입 짧은 푸들에게 보냈다. 친구네에서 드디어 잘 먹는 사료를 발견했다며 고마워했던 것을 보니 동물병원 직원의 말은 사실이었다. 알다가도 모를 우리 집 녀석이 예외였을 뿐.

　며칠간 별이와 오붓하게 잘 지내다보니 '별스밥 프로젝트'는 성공한 듯 보였다. 하지만 동생이 돌아오고 하루 만에 별이는 다시 동생에게 밥을 달라며 보챘다. 동생도 못 이기는 척 다시 손으로 밥을 주기 시작했다.

"요 녀석! 사람 봐가면서 응석 부리네. 내가 어떻게 고친 건데……."
"언니, 난 진짜 괜찮아. 별이가 밥을 잘 먹을 수만 있다면 상관없어."
"꼬리 봐봐. 신났다! 혼자 먹을 땐 배만 간신히 채우더니. 너 이제 별이 '밥 셔틀' 평생 해야 해! 셔틀아! 별이 손밥 줘!"

본인이 괜찮다는데 누구 마음에 들지 않는 게 무슨 소용인가. 그 뒤로 못마땅해하던 시선은 넣어두었다. '셔틀이'는 늘 본인 스케줄에서 별이 밥 먹이는 시간을 최우선으로 한다. 외출했다가도 늦겠다 싶으면 집에 와서 손밥을 주고 다시 나간다. 셔틀이라는 책임의 무게를 사랑으로 기꺼이 버텨내고 있다.

나의 역할은 '소파'이다. 내 침대에서 나와 함께 자고, 내 옆에만 오면 금방 꾸벅꾸벅 졸곤 해서 내 역할은 자연스럽게 '소파'가 되었다. 동생은 별이만 보면 눈곱을 떼는 등 꼭 뭔가를 하려고 해서 그런지 별이는 동생을 좋아하면서도 긴장을 다 내려놓지는 못한다. 나는 별이를 쓰다듬으면서 책을 보거나 함께 늘어져 있는 편이라 쉬고 싶을 땐 내 곁으로 온다. 집안일을 할 때도 별이를 한 팔로 안고 돌아다니곤 해서 별이도 내 품에 언제든 편안히 안겨 있다.

가끔은 본인이 편한 자세를 취하겠다고 엉덩이를 내 얼굴에 들이댈 때도 있고 보고 있는 화면의 반을 가리는 위치에 멋대로 철퍼덕 앉을 때도 있지만, 별이가 편안하게 곁에 있도록 언제든 그 자세 그대로 소파가 되어 주고 있다.

그렇게 별이와 함께하는 시간이 늘어나면서 자연스럽게 각자의 별명이 생겼다.

동생은 '셔틀이', 나는 '소파'.

우리 자매가 별이를 사랑하는 방식이다.

별이와 함께, 소중한 매일

 반려견과 반려인이 진심으로 마음을 나누며 함께하고 있다면 같이 살기 전과 후의 모습에 분명 변화가 생긴다.
 우리 자매도 각자 다른 모습으로 바뀐 부분도 있고 닮아가는 부분도 있다. 물론 시간이 지나고 나이를 먹으며 성숙해지기도 하겠지만, 강아지를 진심으로 사랑하며 살게 된 순간들로 우리가 배우고 성장한 부분이 분명히 있다.
 동생은 타고난 성정이 개인주의다. 자기 일과 남의 일에 대한 경계가 뚜렷하고, 그 경계를 넘나드는 것에 스트레스를 받는다. 보살핌에 자신이 없다며 결혼하면 딩크족으로 살겠다고 늘 말한다. 한마디로 본인에게 집중하는 삶을 선호하는 친구다.
 그런 동생이 별이를 돌보는 모습에서는 의외로 이런 부분이 전혀 보이지 않는다. 다른 집안일은 몰라도 별이를 돌보는 일에서는 내가 더 많이 했다는 개념 자체가 없어

보인다.

'행동파'답게 케어할 부분이 보이면 아무리 지쳐있어도 바로바로 한다. 제일 웃기면서 짠할 때가 졸리고 피곤해서 눈이 풀리고 얼굴이 허예져서 별이 밥을 주고 있을 때다. 한 끼 분량을 저울로 딱 재 와서 밥에 관심이 없는 별이를 어르고 달래며 한 알 한 알 주는 모습을 보자면 '디멘터'에게 영혼을 빨리고 있는 '해리포터' 같다는 생각도 든다. 물론 별이에게 뽀뽀를 퍼부을 땐 동생이 '디멘터'처럼 보이지만.

별이에게 심리적으로 많이 기대는 것도 동생이다. 한참 어려운 시기에 동생이 집에만 있으려고 하고 사람도 만나지 않아서 가족들이 걱정이 많았다. 하지만 동생 입장에서는 혼자가 아니었던 모양이다. 별이가 늘 곁에 있었던 것이다. 내가 어떤 모습이어도 반기고 곁에 있어 주는 존재가 있다는 것은 참 감사한 일이다. 시간이 흐르고 나면 결국 다친 마음도 그 존재를 닮아 따뜻하고 부드럽고 말랑해진다. 나를 있는 그대로 사랑해 주는 존재가 있다는 것만으로도 사람은 살아갈 힘을 얻는다.

나의 성정은 좋게 말하면 독립적이다. 다르게 말하면 도움을 받을 줄 모르고 뭐든 혼자 하는 것을 편하게 여긴다. 남한테 부탁해서 십 분이면 끝날 것을 혼자 하며 시간을 끄는 일이 부지기수다. 그 속을 더 들여다보면 나는 늘 거절이 두려웠던 모양이다. 남들에게 어렵게 부탁하느니 시간이 더 들더라도 혼자 하고 말지, 이런 사고 흐름이었다. 지금 가까운 사람들도 언젠가는 멀어지겠지, 하는 염세적인 생각도 짙었다. 인간관계에 대한 믿음이 전반적으로 약했던 상태였다.

별이와 함께 기대며 살아가는 법을 배운 뒤의 나 또한 마음가짐이 많이 달라졌다. 누군가에게 별이는 우리 자매의 손길 없이는 밥도 못 먹는 작고 마른 노견으로 보일 테지만, 우리에게는 소중한 가족이자 단 하나뿐인 존재이다. 어딜 가도 나의 존재 가치에 대한 고민이 많았던 내게, 함께 살아가는 것 자체만으로도 가치 있고 소중한 존재가 될 수 있다는 것을 알게 해 준 것이다. 도움을 주고받는 것이 오지랖이거나 손해를 끼치는 게 아니라 살아있는 모든 생명체는 도움을 주고받으며 서로 영향을 끼치고 살아간다는 것도 별이와 살아가며 깨달았다.

언제부턴가 별이에게 주어진 시간의 끝이 우리와 같지 않을 거라는 걸 자연스럽게 받아들이고 있다. 별이와 함께 하는 매 순간에 감사함이 깃든다.

모든 관계에는 끝이 있겠지만 함께 하는 시간 동안 진심을 나눈다면 그 관계는 서로의 삶에 흔적을 남긴다. 그 흔적이 쌓이고 쌓여 나의 한 부분을 이룬다. 별이도 언젠가는 나의 가장 아프고 소중한 한 부분이 되어 내 안에서 영원히 살아가는 날이 올 것이다. 그날을 미리 슬퍼하거나 두려워하기보다는, 함께하는 지금, 순간순간을 더 소중히 여기려 애쓴다.

책 〈하고 싶은 일을 하며 살아라〉에서 인상 깊게 본 부분이 있다. 인생의 목적은 '사랑할 수 있는 능력을 키워 가는 것'에 있다고. 별이와 함께한 시간 동안 우리의 많은 부분이 성장했고, 그중 최고의 하나를 꼽자면 사랑하는 마음을 알게 된 것이 아닐까 한다.

누군가를 진심으로 사랑하면 쉽게 웃음이 나고 함께 있음에 감사가 절로 흘러나온다. 별이의 반짝이는 눈을 마주하고 작은 등을 쓰다듬는 순간의 울림을 서로 마음에 차곡차곡 담으며 오늘도 우리는 함께 사랑을 키워간다.

**출간 작가 모임 어써클럽과 함께하는
옴니버스 에세이 프로젝트**

하나의 주제로 여러 작가가 각자의 경험과 통찰을 담아 한 권의 에세이로 출간하는 프로젝트입니다.
다만 각각 쓰고 싶은 글을 쓰는 것이 아닌, 도합 40년 경력의 출판기획편집자들이 전문성을 발휘해 상품성 있는 책다운 책을 출간합니다.

누구나 참여할 수 있는 옴니버스 에세이 프로젝트 소식 접하는 곳.
인스타 @author_club_
블로그 blog.naver.com/assemble2018